繁星·追梦

以青春智慧托举科技强国梦

《科学故事会》编辑部 主编

長江出版傳媒 | 湖北人民出版社

图书在版编目(CIP)数据

繁星·追梦:以青春智慧托举科技强国梦 /《科学故事会》编辑部主编. — 武汉:湖北人民出版社,2024.1

ISBN 978-7-216-10764-8

Ⅰ.①繁… Ⅱ.①科… Ⅲ.①科学家—事迹—中国—现代—青少年读物 Ⅳ.①K826.1-49

中国国家版本馆CIP数据核字(2023)第254976号

选题策划:徐 艳 陈 兰 李月寒
责任编辑:陈 兰 李月寒
封面设计:段智华 刘舒扬
责任校对:范承勇
责任印制:肖迎军

繁星·追梦:以青春智慧托举科技强国梦
FANXING ZHUIMENG YI QINGCHUN ZHIHUI TUOJU KEJI QIANGGUOMENG

出版发行:湖北人民出版社 **地址:**武汉市雄楚大道268号
印刷:武汉新鸿业印务有限公司 **邮编:**430070
开本:787毫米×1092毫米 1/16 **印张:**13.5
版次:2024年1月第1版 **印次:**2024年1月第1次印刷
字数:157千字 **定价:**45.00元
书号:ISBN 978-7-216-10764-8

本社网址:http://www.hbpp.com.cn
本社旗舰店:http://hbrmcbs.tmall.com
读者服务部电话:027-87679656
投诉举报电话:027-87679757

本书编委会

序

中国科学家屠呦呦奶奶和她带领团队研究出的“青蒿素”，挽救了全世界数百万人的生命，实现了中国人在自然科学领域诺贝尔奖零的突破；袁隆平爷爷用毕生的心血研究“杂交水稻”，解决了中国十几亿人吃饱饭的问题，让我们实现了“禾下乘凉”的梦想……你想成为这样的科学家，为人类的生存发展作贡献吗？

钱学森、钱三强、邓稼先这些老一辈科学家们，曾经克服千难万险回到祖国的怀抱，奉献一生研制出“两弹一星”，挺起了民族脊梁。如今，“神舟”飞天、“嫦娥”奔月、“蛟龙”入海、“墨子”传信、“北斗”指路……我国科技事业取得巨大进展，展现了中国科技自立自强的磅礴力量。你想长出科学的翅膀，上下求索，为中国科技站到世界舞台的中央而开拓创新吗？

这些举世瞩目的伟大成就背后，站着无数的科技工作者。从他们身上，我们可以看到很多独特的精神，他们胸怀祖国、服务人民，他们勇攀高峰、敢为人先，他们追求真理、严谨治学，他们淡泊名利、潜心研究，他们集智攻关、团结协作，他们甘为人梯、奖掖后学。这些，就是“科学家精神”——“爱国、创新、求实、奉献、协同、育人”，是科技工作者们在长期的科学实践中积累的宝贵精神财富。正是因为有了这些可敬可爱的科技工作者和“科学家精神”，我国的科技发展才会日新月异，让我们能够享受今天国家安宁和幸福美好的生活。

科学探索永无止境，一代又一代的科技工作者孜孜不倦，矢志追求，让中国科技事业有了很好的传承和发展。党的十八大以来，习近平总书记高度重视青年科技人才队伍建设，明确支持青年科技人才在国家重大科技任务中挑大梁、当主角，提出要造就规模宏大的青年科技人才队伍。如今，这支队伍越来越壮大，我们邀请了其中十位优秀青年科技工作者为同学们讲述他们的故事。

他们，有的设计出了能给地球“拍高清照”的卫星，有的通过给地球“拍 CT”寻找石油，有的在努力让芯片的元器件像人脑神经细胞那样工作；他们，畅谈神秘的宇宙、广袤的海洋、尖端的医学、前沿的科技……他们，是千千万万当代中国青年科学家的优秀代表，肩负着实现高水平科技自立自强、推进中国式现代化的重大使命；他们如璀璨繁星，在世界科技大舞台上熠熠生辉；他们以青春智慧托举中国科技强国之梦。

本书中，十位科学家将会告诉同学们，他们是怎样走上科学的道路，他们在研究什么，他们遇到过哪些困难，他们有哪些曲折难忘的经历，他们又是怎样沉着冷静、机智敏锐、坚忍自信地去应对，从而走出困境，甚至绝处逢生，收获成功的……他们的故事，还会让你们看到科技工作的生动有趣和多彩多姿，为你们打开科学之门，引领你们迈入科学的殿堂。

时光匆匆，却从不怠慢每一个勇敢奋进的人。期望你们，新时代的中国青少年，在心中种下科学的种子，用勤奋和智慧来浇灌它，在未来的某一天，开出美丽的花。期待你们，成为未来的科学家，把“科学家精神”发扬光大，“不负时代，不负韶华”。

王挺

中国科普研究所党委书记、所长

中国科普作家协会理事会党委书记、常务副理事长

目　录

二、乘风破浪的远航

三、永无止境的超越

兴趣虽然是学习知识的好伙伴，但是掌握知识是需要方法的，浅尝辄止、似懂非懂是不行的，只有知行合一，在实践中再加深理解才可以；教和学是相辅相成的，老师教的是基础知识和原理，而自学能力是非常关键的，只有结合了基础原理，并融入自己的理解和体会，融会贯通、活学活用才能真正掌握某方面的技能；学习是个长期过程，“抢跑”不会有太长久的价值，虽然每个人学习特定知识的时间有先后，但是每个人的成长速度是不同的，关键时刻的领悟比早学更重要。

一 锲而不舍的探索

建设航天强国要靠一代代人接续奋斗。希望广大航天青年弘扬“两弹一星”精神、载人航天精神，勇于创新突破，在逐梦太空的征途上发出青春的夺目光彩，为我国航天科技实现高水平自立自强再立新功。

——习近平 2022 年 5 月 2 日给中国航天科技集团空间站建造青年团队的回信

有一群青年科学家，他们仰望星空，为圆中华民族的飞天揽月梦艰苦求索；他们脚踏实地，把科学的理想写在勇攀高峰、追求真理的每一步探索中。他们是探索宇宙大爆炸难题的科学“侦探”侯素青，是打造“超强望远镜”的“追星者”钟兴，是漫步微系统世界的航天工程师臧金良……他们是千千万万科技探索者中的一员，更是科技强国建设中的青春追梦者。

星空浩瀚无比，探索永无止境。只有不断创新，中华民族才能更好走向未来。

侯素青：
探索宇宙大爆炸的科学“侦探”

我们从哪里来？身边的万物从哪里来？现代科学认为，谜底就藏在抬头可见的繁星之中。天上的星星不止会“眨呀眨”，也会“说话”，告诉我们关于遥远星空的秘密，还告诉我们关于生命物质起源的故事。现在，就让科学“侦探”侯素青老师，为你层层剖析，揭开谜底。

科学家档案

侯素青

- 中国科学院近代物理研究所副研究员。
- 核天体物理研究专家，主要从事爆发性天体环境下核合成研究，针对宇宙大爆炸第二未解难题——“锂丰度难题”提出中国方案。
- 天体核合成国际组织 NuGrid 成员。

人生格言

科研一定要做难的。

我与“宇宙大爆炸”的奇缘

我儿时的梦想，是报效祖国

小时候，我生活在山西一个偏僻的农村里，那时最期待的，就是跟着大人搬个凳子，到土墙附近看露天电影。和你们崇拜英雄一样，那时的我，通过影像，也特别崇拜一群人——保家卫国的军人。现在回想起来，我心中那颗爱国的小种子，应该就是在那时种下的。

长大以后，因为视力问题，我无缘成为一名军人，但为祖国的强大贡献力量一直是我的梦想。念念不忘，必有回响。报效祖国的方式有千千万万种，只是小时候的我万万没想到，后来自己成了一名研究天体物理的科学“侦探”，以科技报国。

一不小心闯入了核天体物理的世界

其实，我原本学习的专业是应用数学，那为什么后来会去研究天体物理呢？这得回到2008年。那一年，我有幸聆听了一场关于核天体物理的报告，作报告的是中国原子能科学研究院的陈永寿研究员。

○ 五颜六色的天体（韩世超　摄）

报告中，陈老师给我们展示了光怪陆离的宇宙天体图片，我瞬间被深深地吸引。原来，在太空中，除了太阳、月亮，还有许多五颜六色、千奇百怪的天体。更幸运的是，我发现要研究这些奇妙的宇宙天体，需要用到数学技能，而研究这些问题，还能为科学事业发展作贡献。

当时，陈老师语重心长地谈到，核天体物理是一门基础科学，可以解释宇宙元素起源及星体演化。可千万不要小瞧它，许多“卡脖子”的技术问题，根子就是基础理论研究没跟上，源头和底层的东西没搞清楚。

当前，欧美国家在核天体物理领域的竞争异常激烈，我国与之相

○ 星云图（韩世超 摄）

比落后，因此急需在该领域奋起直追，力争超越，快速建立天体核合成研究团队，支撑国内核天体物理事业的发展。

于是，听了这次报告之后，我有了明确的奋斗目标——研究核天体物理，探索浩瀚星空的秘密。这既是个人兴趣所在，又与推动国家科技进步息息相关。我终于有机会报效祖国了！

一周以后，我就带着行李，从北京繁华的朝阳区搬到了偏僻的房山区，在那里开始了我的科研生涯。

科普小知识

核天体物理研究有多前沿？它由核物理学和天体物理学交叉形成，研究的是那些微小到肉眼看不到的原子，同浩瀚宏大的宇宙天体之间存在的千丝万缕的联系。

核天体物理学是如何诞生的呢？20世纪初，科学家发现太阳已经辐射几十亿年，如此持久的能量究竟来源于哪里？美国科学家汉斯·贝特在1938年给出了答案——核反应为太阳提供了绵绵不绝的能量。他也因此获得了1967年的诺贝尔物理学奖。核天体物理学另一标志性成果便是宇宙大爆炸模型，即大爆炸过程产生了构成物质世界最原始的元素——氢、氦、锂。这一模型由美籍俄裔物理学家乔治·伽莫夫等人在1948年提出。

“科研一定要做难的”

科研之路从来都不会平坦。在解开宇宙大爆炸难题中，我遇到的第一个坎儿就是心态失衡。

我不怕艰难，但害怕努力没有成果。一年半以后，同门中研究其他方向的同学，已经发表了好几篇重量级文章，用来展示他们的研究成果，而我还在一步步摸索。一对比，我的心态就有些“崩”了。

“要不算了，改行吧。”这个念头不

止一次出现在我脑海中，可我说不出口。

“科研一定要做难的。攻克一个难题比多发几篇核心期刊论文重要得多。当然，攻克一个难题绝对不会容易。你如果做我以前的方向，发文章很容易，但现在你做的，是国内没有人做过的事，国外还保密，没有任何现成的东西供你快速上手，所以慢很正常。”

导师的这些话，把我从濒临放弃的边缘拉了回来。我也终于开悟，只有把论文写在祖国大地上，把科技成果应用在祖国最需要的地方，才是最有意义的。

来自前辈的“激励”

第二道坎儿是多次受挫、无法突破时想放弃。

在学校时，我要攻克的一道难关是宇宙大爆炸核合成的描述问题。什么是宇宙大爆炸核合成？这是一种在温度高达 10 亿摄氏度的环境下，数十种原子核发生核聚变的复杂过程。而描述它涉及几十个瞬时变量，整个过程至少要

科普小知识

核聚变是一个很剧烈的过程吗？核聚变时，轻原子核（例如氕和氘的原子核）在一定条件下，生成较重原子核（例如氦的原子核），释放出巨大能量。

核聚变与我们的生活有啥关联？它是未来重要的能量来源，因为核聚变的燃料可以来源于海水，是无穷无尽的。人类已经实现不受控制的核聚变，比如氢弹的爆炸。科学家们也在努力研究如何控制核聚变，比如打造“人造太阳”。

计算200万步，每一步变量的误差都不能超过1/1000，否则得不到正确结果。2007年的时候，这个计算过程被欧美科学家牢牢掌握，我国的核合成研究还处于被动状态。

好多个不眠之夜，望着屋顶，我在大脑中一行一行捋着程序，每每想到问题的可能原因，我会立马掀开被子，起身进行核验，但结果往往不尽如人意。

但是，无数次试错没有击垮我。每当内心焦虑彷徨，我都会来到学校中的一片树林，那里静静地伫立着两位科学巨匠的雕塑。他们一位是钱三强先生，另一位是王淦昌先生。我总会想，当年他们在大西北为我国原子弹、氢弹研制事业作贡献时，遇到那么多难题，他们都能想办法克服，确保“两弹”爆炸成功。和他们相比，我这点困难算得了什么？怎能轻言放弃！

两位先生的雕塑，面庞坚毅、眼含鼓励，仿佛在告诉我，一定要把科研人的精神、把我国核物理事业，一步一个脚印，一棒接着一棒地传承和发展下去！

经过长达两年的不懈努力，有一

走近科学家

钱三强（1913—1992）是我国著名的核物理学家，中国原子能事业的开拓者和奠基人之一。他不仅为“两弹”研制作出了突出贡献，而且在核裂变研究方面成绩突出，还是许多交叉学科和横断学科的倡导者。20世纪50年代领导建成中国第一个重水型原子反应堆和第一台回旋加速器，以及一批重要仪器设备。

王淦昌（1907—1998）是我国著名的核物理学家，我国核科学的奠基人和开拓者之一。1961年，王淦昌立下“我愿以身许国”的誓言，隐姓埋名17年，先后参与原子弹、氢弹和地下核试验研究。1999年，他被追授“两弹一星”功勋奖章。

天，我终于求解出了和欧美科学家一致的结果。至此，在宇宙大爆炸核合成方面，我们终于有了攥在自己手里的东西，填补了我国在这个领域的空白。

补上最后一块“拼图”——来自中国的解决方案

第三道坎儿，则是毕业时面临的就业选择问题。

关于未来的选择，一是做程序员，二是继续做科研。其实当时很纠结，因为从小生活艰苦，我很想尽快工作，过上安逸稳定的生活。但挣扎很久，最终我还是选择了一条更难的路。

之所以这么选择，不单单是因为热爱，更是因为我深深意识到：祖国，需要我！

于是，我来到兰州，在国际知名的核物理研究中心——中国科学院近代物理研究所参加工作并考取博士研究生。读博期间，我和老师瞄准宇宙大爆炸锂丰度异常问题展开研究，这是核天体物理领域排名第二的难题。宇宙大爆炸理论是人类目前解释宇宙起源最具影响的理论，而锂丰度问题就是这个理论遗留的一个未解难题，补上这最后一块“拼图”意义重大。

在艰苦探索中，我们始终秉持老一辈科学家那种打破国外封锁的信念、不畏艰难的决心和一心报国的精神，终于找到了一种解决锂丰度问题的方案。

研究成果投稿 31 天就被接收，审稿人和编辑都给出高度评价，表示不用做任何修改直接发表。随后，美国天文学会研究亮点官网将其作为 2017 年的精彩文章着重介绍，在国际上引起广泛关注。央视新闻频道也进行了时长一分钟的报道。从此，在宇宙大爆炸锂丰度问题上，有一种解决方案来自中国科研人员。

当前，我们正处在一个机遇与挑战并存的时代，前辈给我们打下了扎实的发展基础，重大科技革命与产业变革营造了良好的发展环境，同时我们也面临着有史以来最激烈的竞争。突破科技封锁，确保国家重大战略顺利实施，是当代青年科技人的使命。为此，我们要秉承科学家精神，心怀祖国、不惧艰难，为中华民族伟大复兴而努力奋斗。

接下来，跟我一起去调查宇宙大爆炸的“悬案”吧！你会发现，宇宙大爆炸和我们每个人都密切相关哦。

调查宇宙大爆炸的“悬案”

来自星星的我们

你知道吗

创世神话是古代人用幻想的形式对自然、宇宙所做的幼稚的解释和描述，反映了古代人关于天地宇宙和人类起源的原始观念。创世神话有两种：一种是解释和描述开天辟地、万物形成的，例如盘古开天辟地；一种是说明人类起源的，除了女娲造人，较著名的还有希腊神话中普罗米修斯创造人类并为人类偷盗火种的故事。

“我从哪里来？”很多人都曾经问过这个问题。

可能有人会回答：“我是妈妈生出来的呀。”

那么，“人又是从哪里来的呢？”不同时期的人们，有不同的答案。

在古代，人们普遍认为，人是由神创造出来的。比如，在我国的上古神话中，人是女娲用泥土捏出来的。现在的你可能会抢答：人是从古猿进化而来的。

如果再往前推，你是否想过：古猿从何而来？地球上的第一个生命又是怎么形成的？

天文学家卡尔·萨根给过一个答案：我们都是星尘。

为什么这么说呢？

我们肌肉里的氮、骨骼里的钙、血液里的铁……所有这些元素，构成了我们身体的“原材料”。而这些元素，在很久很久以前，都来自恒星内部的“大熔炉”。它们在经历“千锤百炼”后，才有机会形成太阳、地球，继而“造”出地球上的第一个原始生命，才有了现在的你我他。

美国的一名物理学家曾写道：你身体里的每一个原子，都来自一颗爆炸了的恒星，形成你左手的原子，可能与右手的来自不同的恒星。

可以说，我们都是恒星的孩子。

作为一名探索宇宙大爆炸的科学“侦探”，掌握以上内容是我的基本素养。

在侦探小说中，往往会出现不同寻

科普小知识

We're made of starstuff. We are a way for the cosmos to know itself.

我们是由星际物质组成的，我们是宇宙认识自己的一种方式。

——卡尔·萨根

卡尔·萨根是美国著名的天文学家、天体学家。他计算出金星表面是一个酷热的世界，并且一直致力于寻找外星生命。

科普小知识

恒星是由炽热的气体组成的，能自己发光的球状或类球状天体。例如太阳，就是一颗典型的恒星，它的寿命约为100亿年。

行星则是自身不发出可见光、围绕恒星运动的天体，例如围绕太阳运动的水星、金星、地球等。

常的案件，从而勾起侦探的好奇心。侦探的最终目的是破解作案手法、找出真相。

而我作为一名探索宇宙大爆炸的科学“侦探”，和普通的同行们有所不同。正如前面提到的，我是被那些光怪陆离的天体照片所吸引，从而想要探寻隐藏在各种现象背后的事物的本质规律。

相同的是，这两个过程都要和各种艰难险阻斗智斗勇。成为“侦探”没多久，我就遇上了一桩“大案”。

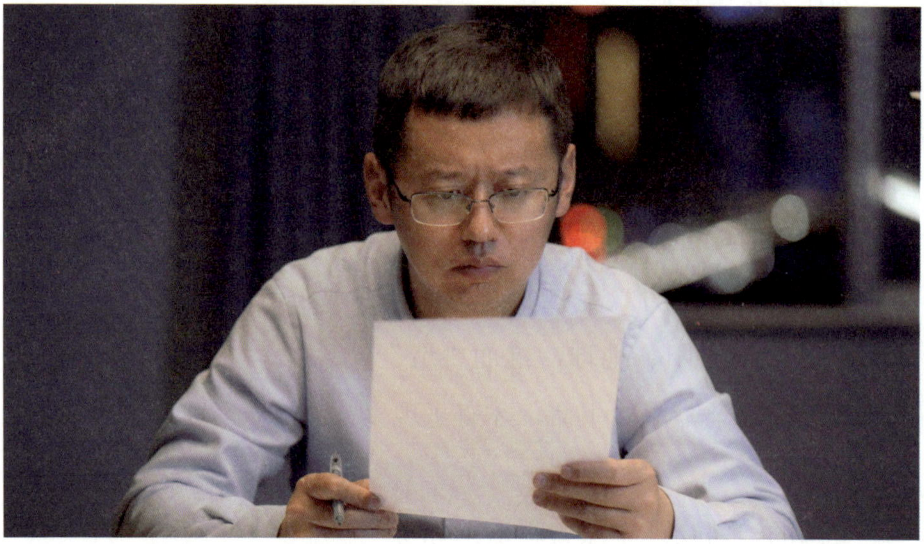

寻找“蛛丝马迹”

宇宙最初三分钟

很多人会问，既然人是宇宙中一粒渺小的“尘埃”，那么装载这一粒粒尘埃的宇宙，又从哪里来？

宇宙大爆炸，是目前我们对宇宙起源的最佳猜测。在大约 138 亿年前，有一个浓缩成无限小的点，它的密度和热量却无限大。

突然，这个点发生爆炸，一下子就变大了。于是，宇宙诞生了，人们把这个点称为“奇点”。

科普小知识

奇（qí）点是宇宙大爆炸理论所追溯的宇宙演化的起点，或者黑洞中心的点。奇点的密度无限大，奇点处的时空曲率无限大。科学家证明，在广义相对论的宇宙学中，奇点是不可避免的，宇宙是从奇点开始膨胀的。

变大？像吹气球那样吗？

差不多，只是当时宇宙变大的速度，可比气球快多了。相当于一座两层高的小楼，一眨眼间就变得和整个银河系一样大。而且，宇宙还在不断长大呢！

宇宙诞生的最初三分钟，发生了许多有趣的事，形成了最初的元素，也就是氢、氦、锂这“三兄弟”。

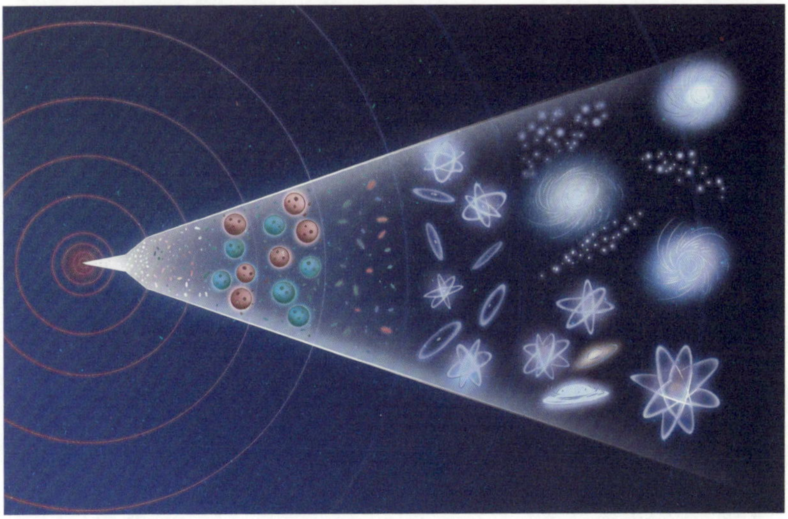

在研究宇宙大爆炸理论的过程中，科学家们通过观测发现，氢和氦在宇宙很多天体内的含量，与宇宙大爆炸理论的推断相符，但是观测到的锂的含量，却比理论少了许多。

这是为什么呢？如果这个数据与宇宙大爆炸理论的推断不符，那么宇宙大爆炸理论还成立吗？这些问题环绕脑中，促使我不断深入思考。

“要是能解决这个问题，宇宙大爆炸理论就更完美了！”我跃跃欲试。

针对这一问题，许多国家的科学家也提出了自己的看法。有的人猜想，大爆炸时，还有其他神秘粒子也参与了；有的人则认为，当时的一些元素，在数据上与我们现在的有区别……

“这么多科学家都没有定论的问题，我能行吗？这么多‘侦探’前辈发表了见解，我能提出不同意见吗？”我不断反问自己。

科研路上经历的那些坎儿，那一个个不眠夜，那一次次面临人生抉择时的迷茫与坚定，再次浮现在我的脑海。这些让我更加清晰认识到，既然国家需要人来攻坚克难，而且越早越好，那就由我来吧。

我想，无论之前的哪种猜想，普遍认为问题的根源是研究数据不准确，那有没有可能他们的研究路径就存在问题呢？这时，我和团队成员想到了更换测算方法来试试。

经过多次尝试，这不，大爆炸中的锂丰度问题，这个长期未破的“悬案”，终于有了一种“侦破”方案，这个方案来自中国科研人员，来自我和我的团队。

你可能会好奇：我的“侦探”工作，会就此结束吗？当然不会，这才是一个开始。

“考古”星辰　“预言”未来

著名的物理学家霍金曾经这样说：我在这个星球上过着一种非凡的生活，我利用奇思异想和物理定律穿越宇宙。我到过银河系最远处，旅行进入过黑洞，还返回过时间的起始……我很荣幸能够为人类对宇宙的理解作出贡献。

浩瀚宇宙，神秘又迷人。“考古”星辰帮我们打开了“预言”未来的大门。

在初中时，你会“遇见”元素周期表，上面有118个奇怪的符号。每一个符号都代表着一种元素。

走近科学家

史蒂芬·霍金（1942—2018），现代最伟大的物理学家之一，主要研究领域是宇宙论和黑洞。他21岁罹患肌肉萎缩性侧索硬化症，最后只有3根手指可以活动。但他证明了广义相对论的奇性定理和黑洞面积定理，提出了黑洞蒸发理论和无边界的霍金宇宙模型，在统一20世纪物理学的两大基础理论——相对论和量子力学方面，迈出了重要一步。

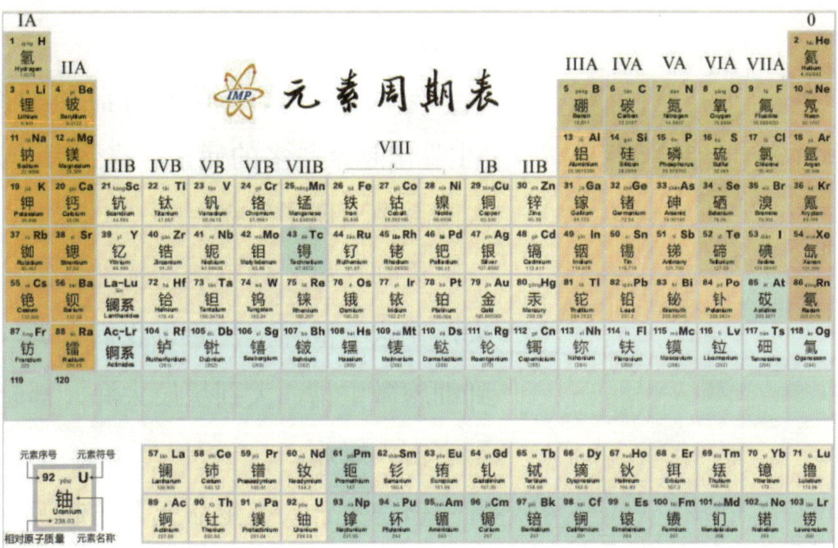

元素周期表（袁海博　设计）

这张表，来自我的“侦探”前辈们。可别小看它，它指引着我们探索宇宙的秘密。表中排行前三的，就是始于宇宙大爆炸的氢、氦、锂。这“三兄弟”，是构成其他元素的基础。

科普小知识

元素周期表是1869年由俄国化学家门捷列夫总结出来的。它将特性相近的同一族元素列在周期表竖直的一栏中。因为元素周期表能够准确地预测各种元素的特性，以及元素之间的关系，所以被广泛使用。

我的前辈们发现，宇宙大爆炸发生后，整个宇宙就像一锅刚出炉的浓汤，逐渐冷却。在这期间，最初形成的元素慢慢发生神奇的反应。于是，第一代恒星出现了。

这些恒星的内部，就像太上老君的炼丹炉，能炼制出新的元素。当这些恒星如烟花般绽放时，里面的化学元素就喷薄而出，射向四面八方，传给下一代恒星。

一代传一代，恒星们前仆后继，“生”出越来越多的元素。直到有一天，太阳系中出现了生命。

说到这里，你可能会恍然大悟：原来，在这个世界上，除了我们人类，小到细胞微生物，大到星辰大海，都起源于宇宙大爆炸。

但是关于人类生命元素的起源，还有很多疑问。比如我们身体中的氮、钙、铁……又是什么时候，第一次产生在宇宙中呢？它们是如何到地球上的呢？

如今，我们不仅发现了宇宙中的众多元素，还把它们应用在了生活、生产之中。那么，地球上各种元素的含量有多少？是否还存在第 119 号、第 120 号元素？宇宙中是否还有其他元素没被发现？

我们依赖着太阳的光和热，如果太阳“熄灭”了，人类又该何去何从？

…………

疑问不停，探索不止。当一名科学“侦探”，就是要一直保持这样的好奇心，打破砂锅问到底，向星辰要答案，不断向科学技术的广度和深度进军；就是要不断探索未知，一层层揭开事实的真相，锻炼“预言”未来的能力，以自己的智慧拓展人类对真理认知的无限可能。

我知道，不是所有的问题都能马上得到答案。做科学研究就像攀爬一座高峰，从没有平坦的大道。但是，只要不畏劳苦，沿着陡峭的山路踏踏实实一步一个脚印，总有希望到达光辉的顶点。

我也知道，从整个宇宙而言，我只是沧海一粟、蜉蝣一瞬。但我，以及千千万万个像我这样的科学“侦探”，会利用身体中积累了百亿年的能量，爆发我们的“小宇宙”，将宝贵的生命用于创造人类最理想的未来。

名人名言

人的头脑是一件令人难以置信的东西。它可以设想天穹的壮丽和物质基本组成部分的复杂性。然而，为了让每个头脑都充分发挥其潜力，它需要一个火花，探究和惊奇的火花。

——霍金

延伸阅读

什么是宇宙大爆炸？

宇宙大爆炸（Big Bang），是现代宇宙学界解释宇宙起源的一种理论。它认为，在约 138 亿年前，整个宇宙处于一种非常狭小、高密度和高温的状态，我们称之为“奇点”。在创世这一时刻，宇宙从这个致密炽热的奇点开始极速膨胀，犹如一次剧烈的爆炸，从而创造了时间和空间。此后，宇宙不断膨胀和演化，温度和密度也逐渐下降，构成我们物质世界的原子核、原子逐渐产生，后来在引力的作用下，物质聚集，慢慢产生各式各样的星体，最终形成了我们现在所熟悉的宇宙的样子。

宇宙大爆炸研究简史

1

20世纪20年代

俄国科学家亚力山大·弗里德曼和比利时宇宙学家乔治·勒梅特基于爱因斯坦引力场方程，发现宇宙是膨胀的，但当时的科学界并不认可这一观点。

2

1929年

天才科学家埃德温·哈勃通过天文观测找到宇宙膨胀的证据，人们才开始接受宇宙一直在膨胀的事实。哈勃的这一发现彻底改变了人类对宇宙的认识。

3

1948年

乔治·伽莫夫和同事正式提出了标准的热大爆炸模型，认为宇宙是“炸”出来的。但是该理论受到英国天文学家弗雷德·霍伊尔的反对，并嘲讽地称之为“大爆炸”。宇宙大爆炸理论中的“大爆炸”一词正是源于霍伊尔之口。

4

1964年

美国贝尔实验室的无线电工程师阿诺·彭齐亚斯和罗伯特·威尔逊偶然发现了宇宙微波背景辐射，强有力地支持了大爆炸理论。他们二人也因这一发现获得1978年的诺贝尔物理学奖。

5

1989年

美国发射的微波背景探测者卫星COBE探测到的宇宙微波背景辐射谱是完美的黑体辐射谱，这给宇宙大爆炸理论提供了强有力的证明。此后2001年美国发射的威尔金森微波各向异性探测器（WMAP）和2009年欧洲宇航局发射的普朗克（Planck）卫星都再次确认了这一事实。

钟兴：

打造“超强望远镜”的“追星者”

古人云：“欲穷千里目，更上一层楼。”为了从几十万米的高空“瞰”世界，实现对地球的观测，科学家将登高眺望的平台搭上太空，并放置了“超强望远镜”。这些“超强望远镜”和我们平时见到的望远镜一样吗？现在就由它们的型号总设计师——钟兴老师来揭晓它们的真面目吧！

科学家档案

钟兴

- 吉林一号卫星型号总设计师，主要从事空间光学遥感技术研究，负责吉林一号星座系列卫星光学总体技术，主持多颗吉林一号卫星型号研制。
- 长光卫星技术股份有限公司研究员、博士生导师。
- 国家对地观测科学数据中心总体技术组专家，全国光电测量标准化技术委员会委员。

人生格言

如果还有梦就追，至少不会遗憾后悔。

失败不是一个终点，它只是一个过程，一个我们收获经验的过程。

我与梦想一起成长

种下梦想之树

你平时喜欢做些小手工吗？

我从小就爱动手“倒腾”，对望远镜尤其好奇，“不如自己动手做一个？”我有些“手痒”。不承想，13 岁那年，我还真做成了一个望远镜。别看它是用硬纸壳做的，略有些粗糙，但它能观测到月球上的环形坑呢！

“咔嚓！咔嚓！”光影流转间，在吉林大学上学时，我又迷上了摄影。爱拍照的你可能也有同样的感受——光是摄影的灵魂。因为光的存在，我们才能感知物体的形状、体积、结构、质感、颜色……

2007年，我用影像记录英国伦敦附近的巨石阵

就这样，对摄影的浓厚兴趣引领着我走上了光学研究之路，把我的梦想之树栽进了肥沃的土壤之中。

“中国光学摇篮”在哪儿？正好就在吉林长春的中国科学院长春光学精密机械与物理研究所。2005年，我如愿成为研究所的一名研究生，正式研究起自己最感兴趣的光学。

刚入所就读时，我就听说所里正在参与载人航天工程光学有效载荷的研

你知道吗

历史上的“追星”人可真不少，中国东汉时期大名鼎鼎的科学家张衡就曾经潜心天文观察与研究。他观察星星非常细心，曾经把自己肉眼观察到的2500多颗星星画成一幅星图，这个数量非常了不起，只比我们现在观测到的六等以上的星星（也就是肉眼可以看见的）数量少500来颗。此外，他还制作了浑天仪，它转一周的速度和地球自转一周的速度一样。这个仪器，使人们可以更方便地观察星辰日月是怎么运动的。这些，在当时是天文学上的一大创造。

制，感觉到十分神秘，但对相关具体情况并不了解，对载人航天工程更是知之甚少。

当时的我，基本上每天都在实验室忙碌，充满好奇地研究着各种光学零件，开展相关实验，但要问我“未来想研究什么，做什么工作”，其实我还没有很清晰的规划。

有一天，我在实验室查资料，发现网上有一个外国软件，叫“谷歌地球”。

我第一次打开它时，便忍不住惊呼起来：“天哪，我竟然从太空中，看到了自己所在的城市街道，就连千里之外的故乡小村落，也清晰可见！太震撼了！”

为什么“谷歌地球”这么厉害？秘密就在天上。它有会摄影的“超强望远镜”——遥感卫星在撑腰。

那次意外发现，让我对航天遥感技术有了更深入和直观的认识。

当时，我就想，“要是我能有机会做出这样的‘超强望远镜’，该多好”。

科普小知识

遥感，就是一种应用探测仪器对远距离目标进行非接触式探测、信息提取、处理和分析的技术。有了地面遥感、航空遥感、卫星遥感的帮助，我们才能把周围的环境看得更远、更广、更清楚。

梦想在北国春城生根发芽

我大概是一个被幸运眷顾的人。

心里正琢磨着要研究卫星，就听说研究所里要成立卫星团队，并在研究生中选拔成员。机会难得，我怎能不好好把握？

“爸爸，之后我想留在北方研制卫星，可能就不回南方了。”通过电话，我忐忑地向父亲表露了心声。

“去吧，孩子。你小时候的梦想，不就是做一个科学家吗？去研究先进的技术吧，你以前就特别喜欢这些。”父亲的这一句肯定和鼓励，让我这个出生于南国灯城的孩子，无所顾忌地决定继续留在北国春城——吉林长春，追寻梦想。

于是，我毫不犹豫地报了名，与 800 名报名者竞争。最终，我有幸成为首批 8 人中的一员，开始参与“星载一体化”卫星的技术攻关工作。

研究卫星的科学家之梦，终于在这个北国春城生根发芽啦！

“星载一体化”是什么？

这是一种让卫星的质量更小、开发成本更低、研究周期更短的好办法。

为什么叫这个名字呢？

传统卫星的设计理念是“平台 + 载荷”。所谓“载荷”，就是直接执行特定卫星任务的仪器、设备或分系统，它和平台彼此独立、界限分明。你可能已经猜到，“星载一体化”卫星就是让平台和载荷打破界限，实现“你中有我，我中有你”。

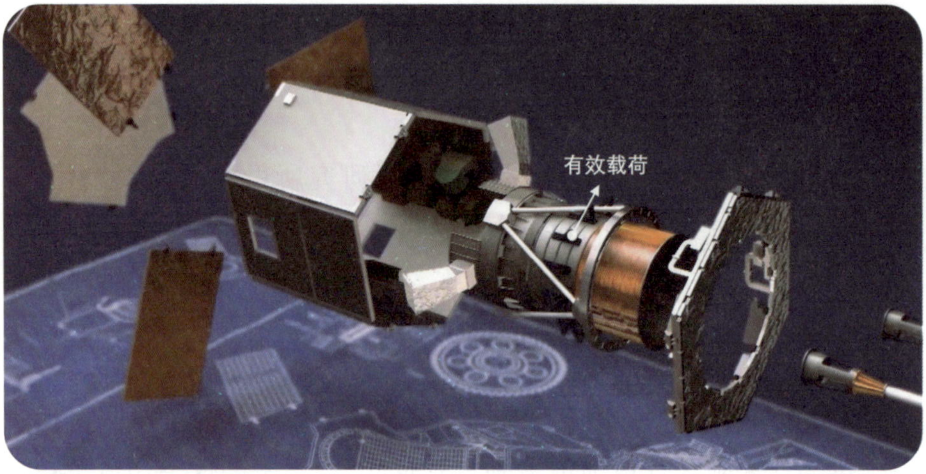

○“星载一体化”设计理念图

梦想之树悄然生长

随着对航天工程了解的逐渐深入，我对卫星光学遥感更加着迷。为实现卫星轻小型化的目标，我每天都在思考，怎样才能把光学载荷的镜头设计得又轻又小。

2008 年，汶川地震，举国哀痛。由于没有高分辨率卫星图像，震后救援困难重重，有关部门只能求助于外国卫星才能获取灾区的高清影像。

看到这个消息，我失眠了。

我下定决心：“不管多难，我一定要做出全世界最好的光学遥感卫星！”

科普小知识

所谓“**光学遥感**”，通常是指从距离地面 100 千米以上的高空，利用光学系统来收集地面物体反射到太空中的辐射，从而获取地物的空间、时间和光谱信息，并进行探测。

什么样的光学遥感卫星才算好呢？可以用十八个字概括：指得准、照得好、传得快、收得全、挖得深、用得尽。只有图像好，分辨率高，层次丰富，让人看得清楚明白，才能更好地投入应用，为人类服务。

在我小时候看的动画片《葫芦兄弟》中，二娃拥有“千里眼”的能力，我常常觉得光学遥感卫星就好比二娃，无论目标离它多远，无论它与目标之间有没有遮挡，想要看的都能清晰地尽收眼底。

人一旦有了目标，走再难的路，都是活力满满的。

不过，在从事研究的头几年，我真是一个头两个大，没有可借鉴的方案，也没有攻关的方向。就像在黑暗中赶路，既没有路灯照明，也没有导航指路，只能自己摸索。

那段时间，我和团队伙伴每天都泡在实验室里，工作到半夜，进行理论学习、实验仿真、样机测试。

深夜，从实验室回宿舍的路上，我总爱仰望满天星斗，一想到将来在太空“站岗”的卫星里，有我和团队亲手设计制作的一员，我就心潮澎湃。长春的冬夜很冷，但奋斗的我却内心火热。

努力终有回报，2010 年，我们研制出了适用于一体化卫星的轻小型光学载荷，并顺利通过实验鉴定。良好的开端是成功的一半，这为吉林一号第一颗卫星的研制打下了基础。

一转眼，我的梦想之树悄悄长大啦！

一枝一叶　茁壮成长

2012 年，我们开始正式研制吉林一号首批卫星。由我担任其中最小的一颗卫星——灵巧验证星的副总设计师。这颗卫星虽然小，但肩负着CMOS国产探测器首次在轨验证、微纳卫星多模式在轨成像验证等重要任务。

从开始研制到卫星发射前，我们不断碰到预想不到的问题，每天的心情都像坐过山车一样，跌宕起伏。

航天产品具有特殊性，它们一旦飞天，就极难有机会进行维修，而我们是第一次研制卫星，没有相关经验，面临的压力之大可想而知。

我记得，当卫星研制进入桌面全实物模飞测试环节，按照要求，需要300小时不断电地进行测试。当时，我们还没有全自动的测试系统，需要人工24小时不间断地监测。

作为总体技术负责人，我其实参与轮流值班就可以了，但是我当时经常连续作业，因为我想亲自检验自己这么多年做出来的东西，性能到底如何。

虽然在研制过程中遇到了很多困难，但是我们一直充满信心，一直坚信：只要功夫下够了，再难的技术瓶颈，都一定可以突破；只要考虑到每个

科普小知识

灵巧验证星是啥？它是可以灵巧成像的卫星，可以灵活地应用于河流、海岸带等任意走向的、直线形甚至S形长条目标图像的一次性推扫。

CMOS又是啥？它是一种具有低功耗、低成本、高读出速度等优势的光电成像器件。

细节，我们的卫星就一定能成功。

航天工程没有捷径，只有踏踏实实地去解决问题，在地面下足功夫，才能保证卫星在天上经得起考验。

从研制灵巧验证星的经历中，我深刻体会到，伟大的事业能给人们带来丰富而独特的感受，尤其是当一群志同道合的人，为某个崇高的目标携手努力、久久为功，终获成功时，那一刻收获的幸福将转化为永久的记忆，成为生命的一部分。

我的梦想之树能开花结果吗？接下来，就跟着我一起，踏上“追星”之路吧！

批产卫星准备“打包”运往发射场

○ 吉林一号卫星在太空“瞰”地球

我的“追星”之路

追逐“满天卫星”

“湖南新田突发森林大火！立即启动应急响应机制！”

“吉林一号收到！”

“吉林一号报告，火灾现场浓烟滚滚，火势依旧凶猛，但现场火线走势明朗，火场态势清晰。”

“吉林一号报告，火险等级有所缓解，但以下几个城镇仍处于高度危险等级，需加强防范。”

吉林一号怎么能清晰掌握火场形势？它是谁？

答案很简单：拍照。

给你介绍一下，吉林一号是我的最佳拍档，是我和团队专用的“超强望远

镜”。我们平常很难见面，因为它上班的地方在太空。不过我们随时保持联系，在各种紧急任务中，它的反应相当迅速。比如 2020 年，发生在黎巴嫩首都贝鲁特港口区的爆炸事故；又如 2021 年，发生在尼泊尔的雪崩事故；再如 2022 年，泰国发生城市洪涝灾害……吉林一号都会在第一时间提供高清数据，以便人们更好地进行灾害评估与救援工作。

○ 吉林一号卫星拍摄的悉尼歌剧院。地面上像粉末一样的小黑点是观光游客

它拍的照片有多清晰？

吉林一号中分辨率最高的成员，可以从太空看到足球场上的运动员，也可以分辨出小汽车的前后挡风玻璃。

科普小知识

分辨率越高，图像就越清晰吗？

没错，在遥感图像中，一个像素代表的地面物体尺寸就是分辨率。如果我们拥有的是10米分辨率的光学遥感卫星，可以发现的是道路和街区，但发现不了单个的建筑；如果提高到5米分辨率，我们就能发现单个建筑，但发现不了路上的汽车；再提升到1米分辨率，我们就能发现路上的汽车，但分不清是两厢车还是三厢车，得用0.5米分辨率才能看清；到0.3米分辨率时，我们就能发现车辆带不带天窗啦！

10米分辨率

5米分辨率

1米分辨率

牛吧？告诉你，目前，吉林一号有100多名成员，在太空中组成了一个阵容强大的望远镜天团。

所以，我很乐意大家把我称为“追星者”。

为啥？因为追明星？不是。因为追满天繁星？也不是。

我追的，是如此酷炫的“满天卫星”——吉林一号。

吉林一号卫星星座组网图

打磨“超强望远镜”的秘密武器

你可能会好奇，吉林一号能有这么高清的分辨率，它究竟有啥秘密武器？

想一想，我们的卫星发上太空是用来干什么的？

是为了给地球拍照、拍视频，记录地球每一分、每一秒的变化。

因此，和我们用相机给人和风景拍照一样，光是不可或缺的元素。

作为一款高高架在太空的“超强望远镜”，能不能为地球拍出好的影像，取决于其中反射镜的好坏。

这些镜片怎么得来的？得“磨洋工”。因为以前的反射镜，得靠人工仔细打磨，一个项目可能需要花一两年才能磨出合适的镜片。在 2000 年前后，大家就把这个光学加工过程称作“磨洋工”。而现在，我们用自动化机械臂替代了人工，打磨抛光的时间缩短到了 2 ～ 4 个月。

不过，我们也不敢高兴得太早。因为每块镜片磨出来后，还得通过面形精度检测。反射镜大小各异，材质不同，工艺区别极大，而加工过程中出现的偏差，肉眼不可见，只能通过特殊仪器测量。

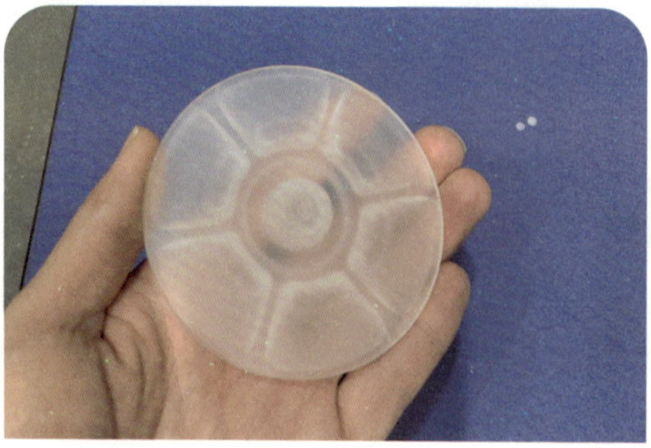

○ 小反射镜

○ 自动化机械臂

如果镜片检测不合格，就只能返工重新制作。

有一次，我们的一块小反射镜就出现了不明误差。

问题出在哪儿？

我仔细检查着不同镜片的数据，才锁定误差来自机械臂快速打磨产生的残留痕迹。

由于这块反射镜只有巴掌大小，加工面积十分有限，而我们用的是大机械臂，就仿佛是在用剁骨刀做雕花，接触力度偏大或偏小，都会造成镜面坑坑洼洼。

因此，我们需要研究更精细、更高效的抛光新工具、新装置、新方法。又经过几个月的努力，一块珍贵的光学反射镜才加工完成，并在检测中显示出远远高于标准值的数据。

当光学遥感卫星从 50 万米的高空中拍摄地面的细节时，这些高精度的反射镜将成为卫星最重要的部件。

把问题消灭在地面

前面我也提到过，卫星一旦发射，就没机会维修了，不像我们家里的电冰箱、电视机等出故障了，还能找维修人员进行修理。因此，我常常和团队伙伴说：“只有把问题消灭在地面，成功地把卫星悬在天上，我们悬着的心才能落地。”

“要谨慎再谨慎，细致再细致！”我也不断提醒自己。天上可能发生的事，必须在地面逐个进行验证。

但是，现实时不时就会泼来一盆冷水。哪怕是成功在望的时候，也会给你一个措手不及的难题。

你肯定知道唐僧师徒西天取经，经历九九八十一难吧？我和团队经受的“磨难”，一点儿也不比他们少。

吉林一号卫星即将进入空间环境模拟设备试验

在一次人工 24 小时的不间断监测中，眼看就要成功了，结果却出了故障，所有设备都在加电，但软件已经无法运行，也没有办法通过指令进行重启。

怎么办？只能拔掉蓄电池的电线插头。

吉林一号卫星发射前，运载火箭整流罩正在扣罩

直接拔掉吗？带电拔插头是非常规的操作，可能会损坏设备。

不拔呢？设备都在耗电，也可能损坏蓄电池。进退两难啊。团队陷入了紧张的讨论。

时间一分一秒地流逝，再不做决定，可能就来不及了。

“拔！”我当即拍板。

大家严阵以待，如临大敌。

你也许会说：“不就拔个插头吗？多简单，我在家就经常干。”

可那次不一样，拔的时候，不仅要做好防护措施，还要讲究拔的速度和力度。因为如果拔插头不干脆，造成短时间反复断电又加电，可能会有错误的电流产生，并影响单机的可靠性。

凌晨两三点钟，万籁俱寂。大家屏息凝神，等待着拔插头的结果。

一个看似简单的动作，却让同事们的手心攥出了汗。

“别紧张，出了问题，我来负责。”我给同事们加油打气。

好在，拔插头后，经过反复的测试证明，问题顺利解决。

但我和我的团队依旧不敢松懈。为什么会发生这样的故障？软硬件设计上应该怎样修改，才能避免发生类似的情况？我们得趁热打铁，剖析问题，总结经验。

功夫不负有心人。2015 年，大漠黄沙，胡杨挺立。伴随比白日更明亮的火焰，吉林一号首批卫星一箭四星脱离地球引力的束缚，直击长空。

十年磨一剑，我和我的团队真的做出能摄影的“超强望远镜”啦！

可是，它们在天上时，真的能一切顺利吗？

我的内心既兴奋，又忐忑。

人生中的“至暗时刻”

没想到，2015年10月7日，一箭四星发射之后，我就迎来了人生中的“至暗时刻”。

当时，四星中最小的那颗卫星，就是我作为副总设计师负责的灵巧验证星。它的状态都正常，可当我们提出指令，要让它成像时，地面的接收站却始终收不到任何信号。

怎么回事？正在外地的我心急如焚。

当时，我在发射场待了近两个月，一直也没回过家。回到长春，下了飞机后，看到淅淅沥沥的雨，感受到阵阵冷风时，我才意识到，这是10月份的长春啊。可我身上穿着的，还是夏天出发时的单薄衣裳，冷得我直打哆嗦。

但是顾不上这么多了，十万火急，我得赶紧去实验室的楼顶，查看我们的数传接收天线到底怎么回事。

“完了，难道卫星上的载荷坏了？还是这个数传单机出毛病了，传不下东西了？”我心里猜测着各种可能的原因，但也清楚，一时半刻间，我无法解决这个棘手的问题。“唉，还是先回趟家吧。”我的情绪十分低落。

回到家时，已是半夜，家人们也都睡了。我就一个人站在黑灯瞎火的家里，心情别提有多糟糕了。

后来，我们索性更换了地面接收设备。时隔 5 天，我们终于接收到了来自灵巧验证星的第一张图像！

这个“至暗时刻”的经历练就的勇气和胆量，支撑着我走过了此后无数个类似的坎坷。在后来面对任何困难时，我都觉得不是困难，出现问题不要紧，但是我们绝对不放过任何一个问题和细节。

2017 年，在一颗新卫星发射后的当晚，我们又遇到了麻烦——卫星回传的数据无法解码，我们无法获取图像。

经过排查，我们断定，是地面站的一个设置出现了错误，一般来说等第二天卫星过境，重新设置就可以解决。

可是，就这么干等吗？会不会还有别的问题？

在焦灼的等待中，我和团队连夜讨论，发现根据编码的原理，通过一系列数学运算，有可能将数据还原。

解决问题的思路已经明晰，大家撸起袖子就干。

从晚上 10 点，一直干到第二天早

科普小知识

什么是**解码**呢？你看过谍战片吗？里面的情报人员交流信息，往往采用加密的方式，拿到情报的人，要用一种特定方法，把密码翻译成文字，才能看懂信息。

我所说的解码，就是用一种特定方法，把卫星的数据还原成图像。

但这就意味着，解码的过程也暗藏危机。

上 6 点，数据终于被正确还原，我们看到了清晰的图像！

大家都激动地蹦了起来，有的还抱在了一起。那种欣喜若狂、激动万分的心情，或许只有在人生的巅峰时刻才能真正体会吧！

阳光总在风雨后

有人问我，在追逐“满天卫星”时，遭遇过失败吗？

你也许听过一句话：胜败乃兵家常事。

科研也是如此。

失败，是科研创新的亲密“伙伴”。

如果说，做任何事情都能成功的话，那我们永远也突破不了现有的水平。

你可能会追问我：经历一次又一次的失败，难道不会想要放弃吗？

我可以斩钉截铁地回答：放弃的念头，从未在我的脑中闪过。因为做任何之前没试过的事情，总会遇到各种各样的、意想不到的问题。没关系，咱们遇到问题就想清楚是怎么造成的，然后就去解决它呗。

吉林一号首批卫星发射现场

当然，我也会有沮丧的时候，尤其是在几次运载卫星的火箭发射失败，卫星遭受损失，“满天卫星”的实现因此受影响时。

但失落之余，要整理好心情，然后继续朝着目标前进。

我的未来不是梦

自古以来，人类不断探索地球的奥秘，用双足踏遍万水千山，而今有了卫星伙伴，更是得心应手。通过卫星遥感和信息技术的结合，地球上任何有形的事物，都可以被观测，被存储，被检索，被计算。

○ 吉林一号一箭四十一星

2023 年 6 月 15 日，吉林一号卫星工程进行了第 25 次发射。“一箭四十一星！我们做到了！”这是中国航天史上单次发射卫星数量最多的一次，我们创造了新纪录！

吉林一号从无到有，卫星重量从重到轻，制造成本从高到低，发射频次从低到高……一次次突破，让我离自己的梦想越来越近。

如今，吉林一号百星飞天。别看这 108 名成员“高高在上”，它们将继续通过丰富的遥感数据，“脚踏实地”地为我们服务。

在卫星的监测下，裸土扬尘得到精准治理，蓝天白云备受呵护。

在卫星的巡查下，河湖中的黑臭水体得到改善，绿水青山得以长存。

在卫星的帮助下，农田、牧场上的工作得到保障，农民、牧民的损失得以挽回。

……………

吉林一号辅助农作物长势分析

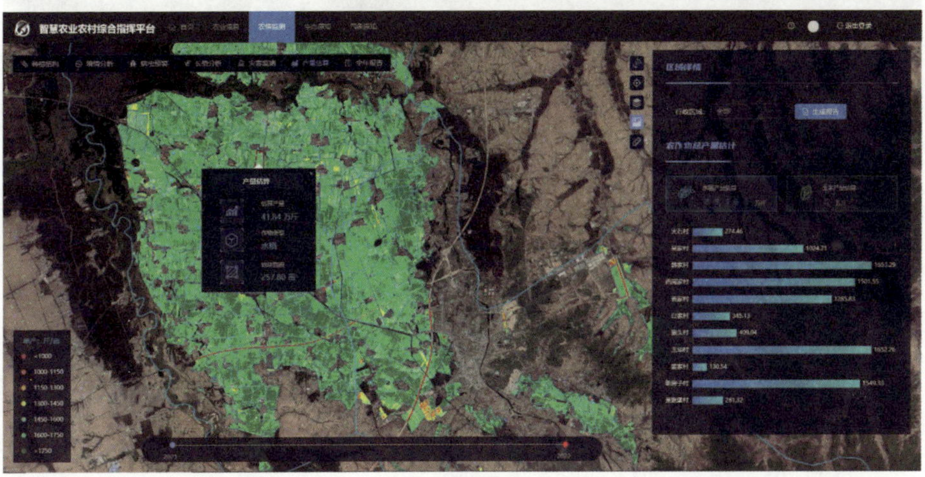

吉林一号辅助粮食估产

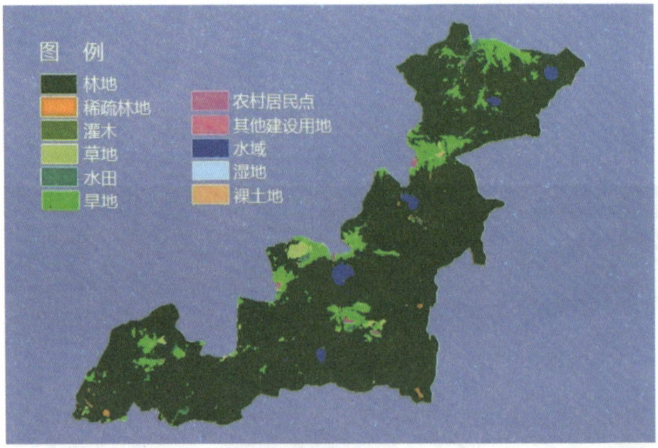

○ 吉林一号辅助自然保护区生态环境评价

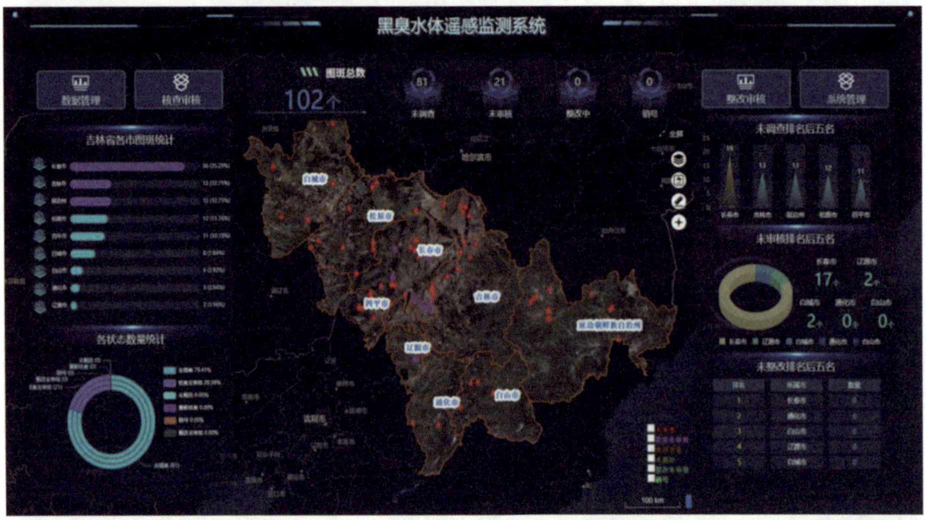

○ 吉林一号用于黑臭水体监测

卫星遥感所呈现出的客观数据，使它成为各个行业不可或缺的信息来源。

这样的“星”，值得我毕生追随。

漫漫“追星”路，我的梦想之花正在绽放。我期待着，在航天强国的大道上遇到更多同行者，留下我和伙伴们与卫星并肩作战的美好回忆。

延伸阅读

神通广大的遥感卫星

在地面上，目之所及，你能看到多大范围的景象？

你可能会无奈地表示，建筑物、群山等物体挡住了视线，能看到的景象非常有限，就如古人所言：“不识庐山真面目，只缘身在此山中。”

于是，科学家们研究出一种方法，可以让我们不用接近物体，在远处就能获得物体的影像和其他细节信息，那就是遥感技术。

遥感卫星，就是能摄影的“超强望远镜”，即使“入驻”遥远的太空轨道，也能感知地表。有了它们，我们就仿佛拥有了“千里眼”。而且，它们还可以扩展我们感官的边界，帮助我们看到常人眼睛看不到的电磁波信息。

在理想状态下，卫星遥感系统应该是让每一个人可以在任意时间知道地表任意一点的任意一项信息。

通过遥感卫星传来的影像资料，我们可以欣赏到这颗蓝色星球上的亮丽风景，也能发现自然灾害、生态破坏后的满目疮痍。随着科学技术的进步，遥感卫星的超能力视觉会不断迭代升级，让我们能更好地认识地球，并能更加切实地思考如何做好生态环保工作，保护好赖以生存的地球家园。

遥感卫星家族大揭秘

遥感卫星家族的成员众多，它们因能力不同而有着各自的分工。

气象卫星——以搜集气象数据为主要任务的遥感卫星，在天气预报、天气灾害预警等领域展现非凡身手。

地球资源卫星——以调查、观测地球资源和生态环境为主，在土地森林和水资源调查、矿产勘探等领域发挥巨大作用。

环境减灾卫星——在大气环境与水环境污染监测、洪涝地震灾害监测等领域作出突出贡献。

海洋卫星——以探测全球海洋表面状况与监测海洋动态为主要任务，为我们探索神秘海洋提供助力……

在未来，天上还会出现更多拥有遥感技术的“星星”，向我们传达来自地球母亲的声音。

吉林一号拍摄的照片

海南·文昌椰林
吉林一号

新疆·火焰山
吉林一号

新疆·喀纳斯
吉林一号

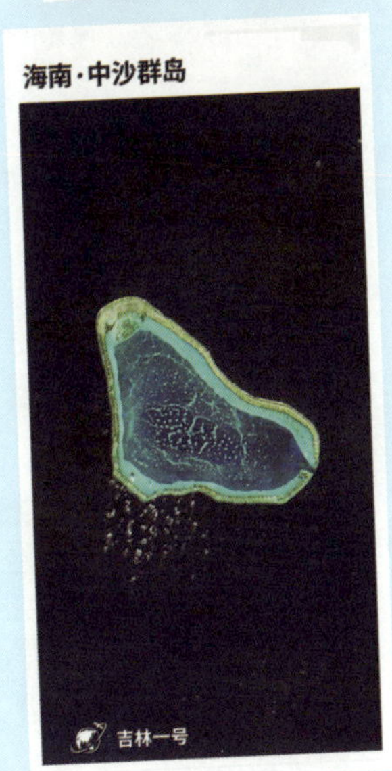
海南·中沙群岛
吉林一号

兰州·树屏彩丘
吉林一号

吉林·长白山
吉林一号

臧金良：

漫步微系统世界的航天工程师

为什么扫地机器人能自主地来来去去？为什么在冬天的时候，手机会突然没反应？人有感觉器官，为什么飞上太空的航天器也有“感觉器官”？它们是什么呢？这一切的谜底，都藏在一个叫作微系统的世界里。现在，就让我们跟着臧金良老师，一探奥妙！

科学家档案

- 中国航天科工集团第二研究院二〇六所研究员，航天科工集团应用物理研究中心副主任。
- 主要围绕微系统力学和微流体技术在传感器、生物芯片以及可重构天线等重点方向进行研究。
- 入选中国科协“青年人才托举工程”，担任中国宇航学会青年科学家俱乐部主席团主席。

臧金良

人生格言

想干的事一定能够干成。

件件工作反映自我，凡经我手必为佳作。

我与微系统——传感器的故事

光鲜背后，少不了坚持和付出

你的梦想是什么？

当老师在讲台上这样问的时候，12 岁的我立刻举手回答，我要做一个像爱因斯坦一样的科学家。

同学们争先恐后地举手，嚷着：“我也是！我也是！”老师笑得温柔：“梦想很远大。”然后就为我们布置了一个作文题：《我的梦想》。

为什么想当科学家？

因为对未知的世界，我充满了好奇；对科技的创新，我有无限的热爱。而我知道，科学家正是能做到这一切的人，所以我非常崇拜并向往成为他们中的一员。但没想到，踌躇满志的我差点因为数学作业而打了退堂鼓。

这题该怎么解？老师讲的解题思路是什么？为什么数学题这么多？当看着时钟上的秒针一格一格移动着，我的数学作业还“纹丝不动”时，我很失落，科学家会写不出数学作业吗？

我不想写了，于是打开了电视机。

电视里正在播放一个小男孩拉小提琴，琴音就像天籁，让我着了迷，以至于我没有听到爸爸开门进屋的声音。

“作业写完了？”爸爸问道。

我羞愧地低下了头。

爸爸看向电视，点评道:“挺好听。”

我不禁嘀咕:“是挺威风的。”

爸爸从我手里拿过遥控器，揉揉我的脑袋，说:“每一个光鲜成绩的背后，少不了坚持和付出。”说着，干脆利落地关了电视，“写作业去吧。”

走近科学家

阿尔伯特·爱因斯坦（1879—1955）出生于德国，是拥有美国和瑞士双国籍的物理学家。

1900 年，爱因斯坦毕业于苏黎世工业大学。他提出的光子假设，成功解释了光电效应（因此获得 1921 年诺贝尔物理学奖）。1905 年，他创立狭义相对论，1916 年将其推广为广义相对论。爱因斯坦的质能方程为核能的开发奠定了理论基础。

爱因斯坦开创了现代科学技术新纪元，被公认为是继伽利略、牛顿之后最伟大的物理学家。

坚持和付出吗？

看着摊开的数学作业，我好像明白了爸爸的意思。当我终于绞尽脑汁写完数学作业时，那种满足感和成就感油然而生。这时，想当科学家的信心溢满胸怀，我翻开作文本，挥笔写下：我的梦想是当一名科学家。

怀抱着这个梦想，我一路从小学到中学、大学、硕士、博士，反复经历着求学生涯中的各种挑战和茫然，每当要做决定时也会反复地问自己：这个选择是不是正确？这种时候，总会有一个声音在耳边萦绕：坚持，坚持。

坚持着，努力着，读完博士研究生，我开始自己做研究。在工作中我更进一步地认识了自己，我发现，世界很大，个人很小，放下“英雄主义”，从小处入手，围绕一个微小的点做深入的研究，也能创造出许多实用的东西。

现在，我是一名航天工程师。我实现了我的科学梦，因为我一直在做研究，一直在做科学技术上的创新研发。我不敢说对人类、对社会作出了多么伟大的贡献，但只要能对别人有用、有帮助，我觉得，那就是实现了我的梦想，让我的人生有了意义。

研制航天器气体泄漏传感器

上可游九天揽星辰，下可巡五湖纵云海——这是不是你对航天事业最直观的感觉——一个浩瀚广博的宏观世界。不过，我作为一名航天工程师，却是身处一个微系统世界。那我研究什么呢？

不卖关子，我在微系统世界里，围绕微系统力学和微流体技术，

科普小知识

微系统力学是研究微小尺度下物质运动的规律和力学行为的新兴学科，涉及微纳尺度下的材料、结构、流体力学、弹性力学、生物力学等多个领域。

微流体技术是指使用非常小的空间（体积通常在 1 ～ 500 微升，微升为体积单位，符号是 μL，1000 微升为 1 毫升）来进行物理、化学、生物学试验的一项技术，是在微电子、微机械、生物工程和纳米技术基础上发展起来的。

在传感器、生物芯片等重点方向进行研究。

这次，我要和你们分享我和传感器的故事。

传感器是什么？它是航天系统的守护者，是航天器的神经元，时刻监测着航天器的温度、压力、环境、姿态等状况。

小小的传感器，想要做好并不容易。我接到的第一个任务，是要研制一款灵敏度很高的航天发动机气体泄漏传感器。

卫星被传感器守护着

灵敏度要高到什么程度？相当于我在一个长度为 50 米的标准泳池里，撒了一小勺盐，放入传感器后，它要有响应，能把泳池里的咸度变化检测出来。这个时候，我们的舌头肯定是尝不出这一点点咸淡变化的，但传感器要能做到，可想而知，研制它的难度有多大。

当时，其他国家的科研人员都能够做出来。我们的团队看在眼里，急在心里，但更多的是不服输。

我们想，我们一定也能研制出来！

然而研制过程并不顺利。实验室里，我和伙伴们的对话，经常是这样的：

“这版版图怎么样？”

“不行，还得修改。”

“材料配比还是不对吗？”

“不对，晚上通宵吧，试试别的配比。”

…………

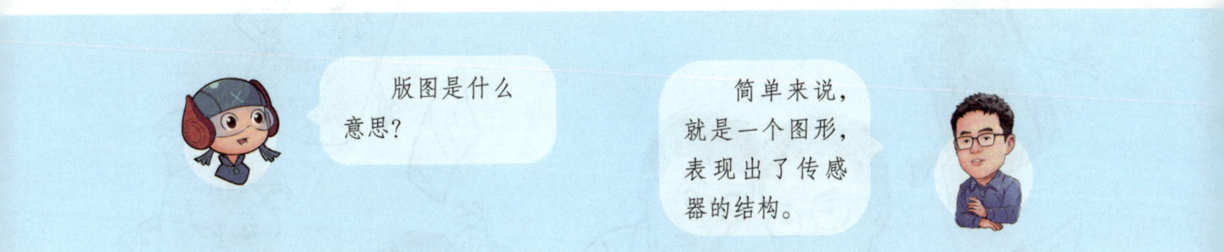

我们知道，建筑师在造房子前，要有图纸；裁缝在做衣服前，要量好尺寸、画下样式。同理，我们在研制传感器前，要把它的样子先设计好。

在传感器版图上，通常会有敏感电路、信号处理、电源管理等不同的功能分区，如果这些分区的位置不一样、先后顺序不一样，呈现出来的性能也就不一样。所以，这一步非常重要。

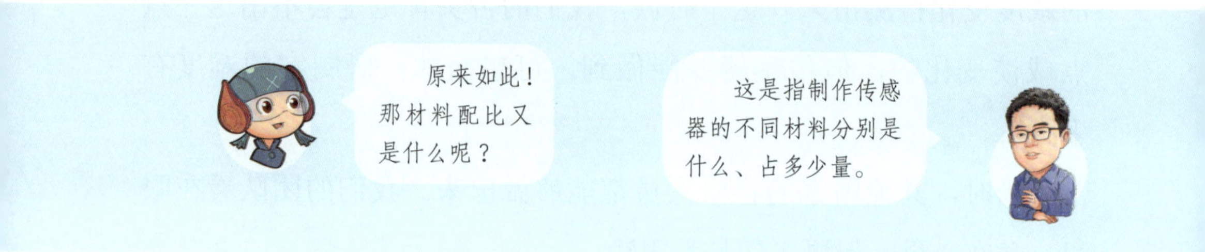

比如我们要研制的气体泄漏传感器，可能要用到金、铂、二氧化硅等多种材料。那它们分别占多少量？还要不要加别的材料呢？这些我们都要考虑。和版图一样，材料配比不同，传感器的性能也就不同。

我们把版图改了几十遍，尝试了上百种材料配比，做了上千遍实验，熬了无数个通宵，测出的传感器响应就是满足不了要求。

“问题究竟出在哪里？”我和团队伙伴们百思不得其解。

有一天，我们正在研究实验结果，忽然想到一种可能性：现有测试系统的精度，可能达不到我们的测试要求！

什么意思呢？就像我们要量头发丝的粗细，用普通的尺子是量不出来的，得用刻度更加精细的尺子才行。同样的道理，这个传感器的灵敏度要求很高，我们需要有一个精度更高的气体环境作为测试系统。这个测试系统就相当于尺子，是一种工具。

但是，搭建这样高精度的气体环境测试系统，当时国内根本没有成熟的方案。

这可怎么办？

没有工具，怎么得出结果呢？做再多都没用啊。

我和团队伙伴们当机立断，搭建一个小的测试系统。

这又是一个从无到有的过程，虽然得暂时搁置下传感器的研制，但“工欲善其事，必先利其器”，这一步，我们必须得走！

我们进行了大量的尝试、摸索，终于搭建出了气体环境测试系统。

当我们将传感器放入其中后，响应曲线起起伏伏地走出了我们想要的结果。那一刻，我知道，我们成功了！

研制芯片上的“实验室”

我说我能把一整座实验室带在身上，你相信吗？

你去过医院吗？在医院，我们检查身体时，往往需要抽血，那你知道医院怎么对血样进行检测吗？

这就需要一个拥有许多精密设备的专业实验室。我们的想法就是，把这个专业实验室搬到一块芯片上。这块芯片，就是一种生物传感器。

我们为什么要研发它呢？

因为，航天员大多不是科学家，有了它，他们就能像科学家一样，在太空里做专业的科学实验。而且，对普通人来说，有了这个传感器，在生活中也能随时随地做到专业人员能做到的事。就像监测心率和血压，本来需要医护人员来做，但有了智能手环，我们就能随时随地自己监测。

研发这块芯片的难度可想而知，我们遇到的最大困难，是它的稳定性问题。

什么叫稳定性？

这是指每一个传感器，都要校准达到统一的标准。就像体温计，它设定的标准温度是 37 摄氏度，在出厂前，就要做好各种校准的实验。

想要解决稳定性问题，没有捷径可走，只有一个字——测。测 100 个、200 个不够，那就测 1000 个、5000 个，甚至上万个。这是一个非常枯燥的过程，而且要连续不断地测，48 小时、72 小时、100 小时……不论要多少时间，中间都不能停。那段时间，我和伙伴们就轮流值守，确保实验不中断。

你一定觉得，这很累吧？

是的，这个测试过程很辛苦。而且，过程中总会遇到不少问题。

比如有一次，一直很稳定的实验舱忽然有了一个波动，这立刻拨动了我们的心弦。

怎么回事？这个波动是什么？是电信号发生了变化，还是舱体发生了异动？

我们马不停蹄地进行细节推演，将各种可能性都列出来，然后一个个去推导，不放过一点蛛丝马迹。

最后，我们发现，问题可能出在不小心碰了一下实验平台上。方向锁定后，大家立刻进行积极排查，准确地把问题解决了。

整个测试过程，我们都是在这种出现问题、解决问题中度过。终于，在经历了上千轮测试后，我们解决了器件稳定性问题！

那一刻，我们激动地拥抱在一起，大声欢呼着：“成功了！”我心潮澎湃，把巨大的“实验室”搬到芯片上的成就感，一点都不亚于火箭发射成功啊。

我是航天事业里的一个“传感器”

我们见到的大大小小的航天器、卫星、飞船上，都有各种传感器的身影。

每一次任务的成功，离不开传感器“兄弟们”的努力工作。小时候，我的梦想就是当一名科学家，现在身为一名航天工程师，我不仅实现了科学梦想，还带着梦想飞上了太空。

我和我的伙伴们，就像飞船上的传感器一样，做着基础性又关键性的工作，我一直为此自豪。

这时的你，是不是依然有疑惑：传感器到底是什么呢？跟着我，继续一探究竟吧！

带你走进我的科学世界

揭开传感器的神秘面纱

冬天，在北方的户外，你会不会遇到这样的窘境？——

“请这里扫码付款。”

“啊！手机怎么没反应了？”

“没电了？”

“充满电出门的呢。”

“坏了？”

“新买的手机，好着呢。”

“那总不会是手机怕冷，冻着了吧？”

嘿，在你排除了许多不可能之后，最后那个答案，就无限接近于真相——手机确实“感觉”到了冷。

在听了我和传感器的故事之后，我想你能联想到，这种现象和手机里的传感器有关。可能你觉得，传感器听起来还是那么高深、那么遥远、那么神秘？

其实不然，在生活中，大多数电子设备上也都有它的身影。

你看，当我们想在手机上看影片时，我们会把手机横过来，这时你会发现，画面也跟着横过来了，这就是传感器感受到了变化而调整姿态。

当我们揣着手机走在路上，手机 APP 默默为我们记录下了走路步数，这就是传感器在感受你身体位置发生的变化。

扫地机器人在打扫卫生时，碰到障碍物后会自动离开，来来回回忙个不停，这也是传感器在起作用。

…………

你有没有发现传感器像什么？

就像我们人类用眼睛观察世界、用耳朵听到声音、用鼻子闻到气味、用皮肤触碰到东西一样，传感器正是发挥了眼睛、耳朵、鼻子、皮肤等感觉器官的作用。它的反应过程就像感觉器官的细胞，可以感受到周围环境的信息，让机器、设备拥有了和人一样的感知能力。

这么说，你是不是觉得传感器就没那么神秘了？

也许你又会问，手机里的传感器“感觉”到了冷，然后罢工了，这不是耽误事吗？

其实并不是。机器、设备只有在“感知”到环境、温度、压力等的变化后，才能更好地工作，而它们的“感知”需要在其能力范围内。比如生活中很常见的一种传感器——体温计，它的测量范围在 32 摄氏度到 43 摄氏度之间，所以绝对不能拿它去测 100 摄氏度的开水，因为这对它来说太“超纲”了。

你看，连生活中的传感器要求都这么高，更何况是航天器上的传感器。它不仅要经受住太空的严寒环境，还要受得住太空辐照、飞行过程中超负载等考验。这些都对器件的制作工艺、材料有了更高的要求。

核心技术揣兜里

一个航天器上有多少个传感器？

不瞒你说，数量很多，有成百上千，甚至上万个。

为什么需要这么多传感器呢？

打个比方，冬天的时候，你要出门，会穿上羽绒服御寒。可身上暖和了，手还冷着呢，所以还得戴上手套。而你一开门，冷风又呼呼吹着脖子，脖子也感觉凉飕飕的，那就需要赶紧围上毛茸茸的围巾。这说明，身体不同的部位会有不同的感知。航天器也一样，不同的位置，需要感知的压力、温度、环境等也不同，因此就需要大量不同的传感器。

“件件工作反映自我，凡经我手必为佳作”，这是我的工作信条。面对“成百上千，甚至上万”的数量，我不会却步，更不会因为量大而放宽对单个品质的要求。我觉得，事情没有难与不难之分，关键是看肯不肯做。我秉持着从“小处入手”的科研理念，每天在毫米、微米、纳米之间穿梭，在小结构、微液滴、纳米器件之间漫步。

传感器、芯片，是微系统技术的重要组成部分。2014 年，微系统技术作为一项重要的前沿级布局技术，被纳入“十三五”发展规划。它的重要程度不言而喻，因此我们更要把关键技术揣在自己兜里。

它有哪些亟待解决的关键问题呢？

比如，器件表面需不需要处理？应该怎么处理？需要处理多长时间？决定器件功能实现的工艺问题要怎么处理？……

就此，我和团队伙伴们展开了微系统核心技术的论证工作。

每天早上 7 点 30 分，我们就来到实验室，开始一天的工作。直到半夜，

科普小知识

微米是一个长度单位，符号为 μm。1 微米的长度是 1 米的一百万分之一，是 1 毫米的一千分之一。

纳米是一个长度单位，符号为 nm。1 纳米的长度是 1 米的十亿分之一，是 1 毫米的一百万分之一。

微液滴指体积在微米量级的液滴，通常在微尺度流体控制技术、微纳制造等领域中使用。它具有体积小、界面大、表面积大等特点，在化学分析、生物分析、材料制备等方面具有广泛的应用前景。

纳米器件是一种以纳米为计算单位的器件，可以广泛应用到航空航天、通信、消费电子、汽车、医疗器械、工业设备、数据中心等众多领域。

我们才会离开实验室。

为什么这么拼？因为我们在与时间赛跑。一方面，我们要进行多轮实验，对关键技术反复测试；另一方面，我们要检索最新的依据，来作为理论支撑。这个过程中，我们发现了一个很紧要的问题。

“这跨学科了啊。”伙伴们苦恼地向我反映。当前的研究对理论基础要求极高，已经涉及跨学科领域的内容。

怎么办？难道要因为涉及非本专业的内容而放弃吗？

科学是需要探究、发现和创新的，本就不是被束缚的，跨学科更能促进、推动新的科学发现和理论的形成。于是，我们迎难而上，不断补充新的知识，查找最新的技术动态，和专家沟通，走出实验室，奔走在工业区的每个角落。

披星戴月是我们的写照，废寝忘食是我们的常态，历经数月的夜以继日，终于，我们圆满完成了论证工作。

仰望星空　脚踏实地

当说起中国航天，你是什么感受？

是不是就一个字：“牛”！

也许你会好奇，我明明是一名航天工程师，为什么不探索星空、研究宇宙，却走在研制传感器、研发芯片、构建微系统的道路上？

这一点也不矛盾。

因为通过微观的世界，我们可以寻找到宏观宇宙的奥秘；通过纤小的维度，我们可以丈量浩瀚科学的深度。

你看，在海南文昌的沙滩上，大火箭腾空而起，冲向云霄，我为能参与其中的基础工作而心潮澎湃；你听，在那一声“发射任务取得圆满成功”中，我也为参与到这个大国工程而感到荣幸；更有甚者，当五星红旗在太空中熠熠生辉时，满满的民族自豪感瞬间溢满胸膛……

我一直很骄傲，能从事中国航天事业。

不过有人问我：“作为一个‘幕后’的航天人，没有进入过发射场，每当航天器发射成功，大家的目光都看向湛蓝天空时，你会失落吗？”

怎么会呢！

小时候，怀抱着科学梦的我就在好奇：一丝头发可以有多细？一粒沙可以有多小？一滴水可以有多轻？随着年岁的增长，我逐步明白了千丝结发、聚沙成堆、滴水成海的道理。

中国航天是一个非常庞大的系统，多少隐姓埋名的先辈和老科学家们默默耕耘其中，才造就了今天让人挺直腰杆，乃至震惊世界的中国航天事业。处于新时代的我，作为新一代航天人，耳濡目染先辈们的航天精神，自豪于能凭借自己的所学、所长成为中国航天事业的一个小小“传感器”，为中国航天事业的发展贡献微薄之力。

我很喜欢一句话：目光所及是星辰大海，但走过的每一步路都是脚踏实地。

日复一日，见微知著，我将和我的团队一起，在微系统的世界里，在钻研、奋斗的点点滴滴中，去实现我们的梦想，成就我们的航天梦，复兴我们的中国梦！

延伸阅读

微系统技术在航天领域有哪些应用？

微系统技术被普遍认为是21世纪的革命性技术之一。自20世纪60年代以来，从微器件的简单概念到出现微压力传感器，技术突破和制造工艺的改进逐步实现。其中，高精度、高灵敏度的传感器是一种通过微系统技术实现的智能传感器，适用于航天器的姿态控制、轨道测量等任务。除此之外，微系统技术在航天领域还有哪些应用呢？

卫星通信技术

卫星通信技术是利用微系统技术实现的一种远程通信方式，具有覆盖范围广、通信容量大、传输质量高等优点，适用于航天器与地面站之间的通信。卫星通信技术包括微波通信、激光通信等。

微纳卫星技术

微纳卫星技术是利用微系统技术制造小型化卫星的技术，具有重量轻、体积小、可靠性高等优点，适用于多种空间任务，如科学实验、天地遥感探测等。

空间探测技术

空间探测技术是利用微系统技术实现的一种对空间环境进行探测的技术，适用于了解空间环境对航天器的影响，为航天器的安全运行提供保障。空间探测技术成果包括粒子计数器、温度传感器等。

微推进技术

微推进技术是利用微系统技术实现的一种新型推进方式，具有推力小、加速度高、无噪声等优点，适用于航天器的姿态调整、轨道转移等任务。微推进技术包括离子推进、霍尔效应推进等。

微系统技术在航天领域的应用，可以大大提高航天器的性能和可靠性，降低制造成本，同时提高航天器的智能化和自主化水平，对航天事业的发展起到了重要的推动作用。

二 乘风破浪的远航

海洋经济发展前途无量。建设海洋强国，必须进一步关心海洋、认识海洋、经略海洋，加快海洋科技创新步伐。

——习近平 2018 年 6 月 12 日—14 日
在山东考察时的讲话要点

有一群青年科学家，他们扬帆起航，在建设海洋强国的征途上奋勇争先；他们乘风破浪，突破重重困难，攻克技术难题。他们是研制海洋装备的海上工程师汤明刚，是专注鲍鱼育种研究的“战略家”游伟伟，是通过给地球“拍 CT”寻找石油的“医生”秦宁……他们是可敬可爱的科技工作者，也是照耀人类未来的星火。

世界格局加速演进，科技革命浪潮涌动。只有义无反顾的奔赴、薪火相传的进取，才能照亮科技强国之路。

汤明刚：
建设浮式平台的海上工程师

大海蕴藏着哪些资源？我们为什么要建设海洋强国？科学家是如何在深远海建造浮式平台的？会遇到哪些困难和危险？浮式平台又是如何被拆装的？现在，就请科学家汤明刚来为你揭开谜底吧！

科学家档案

汤明刚

- 中国船舶科学研究中心远海装备与高性能船研究部主任，研究员，硕士生导师。
- 专门从事海上大型浮式结构物和深海顺应式装备结构设计评估与试验。

人生格言

机会是留给有准备的人的。

成功并不是那么简单，它需要百分之一的灵感和百分之九十九的汗水。

一位海洋科技工作者的成长之路

向往大海的童年

我出生于内蒙古赤峰，那里是内陆山区。在我小的时候，家乡天气干燥，风很大又多沙，经常起沙尘暴，沙子吹得人睁不开眼睛。除此之外，也缺水，很多时候，我一两个星期才能洗一次澡。

有一天，我在电视上看到了大海。碧蓝的大海在阳光的照耀下波光粼粼。海鸥飞翔，海风吹拂，人们在海里游泳，在海边踏浪、奔跑，我十分羡慕。我想，原来世界上还有这样的好地方，如果可以去海边该多好！

上小学时，我阅读了《海底两万里》。书中，博物学家等一行人，跟随船长乘坐鹦鹉螺号潜艇周游海底。他们参观海底森林，采集印度洋的珍珠，探索亚特兰蒂斯废墟……海底世界是多么神秘，那里奇异的景观和美丽的生物，也深深吸引着我。

有一次，我听说离家很远的地方开了一家游泳馆。在水里游泳，被那么多水包围，是种什么感觉？我跑去央求父母带我去游泳馆，过了好长时间，他们终于答应了！

我来到了日思夜想的游泳馆，别提多开心了！池里的水多清澈啊，可是，看起来却很深，我有些畏惧了。父母在一旁鼓励我："你不是嚷嚷了很久要来吗？不要怕，壮起胆子来！"在他们的搀扶下，我一步步下水了，感觉水好凉，但很柔和。

我紧紧抓着游泳圈，不敢做动作，心里想着万一不小心没抓稳，掉入水底，该怎么办？周围有识水性的小朋友正拍打着水花，玩得不亦乐乎！他们冲

你知道吗

《海底两万里》是19世纪法国作家儒勒·凡尔纳创作的长篇小说，主要讲述了博物学家和生物学家阿龙纳斯、其仆人康塞尔和鱼叉手尼德·兰一起随鹦鹉螺号潜艇船长尼摩周游海底的故事。

我喊："别在游泳圈上待着了，来一起玩啊！"说着，便朝我泼水。我呛了不少水，学着扑腾，也慢慢体会到鱼儿在水中游的乐趣。

虽然第一次游泳出了不少洋相，但是我对大海的向往一点儿也没有削减。我还期待着，如果以后在大海或是大江大河中游泳、戏水，那又会是什么样的感受？

突然长大的瞬间

小学三年级时，爸爸在外地意外出了车祸，住进了医院。妈妈在医院照顾他，我一个人留在家里。

我的爸爸是司机，为了养家糊口，常年在外面跑，一家人团聚的日子屈指可数。妈妈独自照顾我，也很辛苦。他们用尽所有力气努力撑起了一个家。我呢？我能为这个家做什么？

我暗下决心：我要好好学习，要争气，不让父母操心，要对得起他们的养育之恩。

妈妈不在身边的那段日子，我一个人生活，学习更勤奋了。每天天蒙蒙亮，我就一骨碌爬起来，看书补习，晚上也学习到很晚。这一年，我取得了全年级第一的好成绩！

爸爸在休养几个月后，回到家里。我把成绩单给爸爸妈妈看，向他们汇报：虽然你们不在，我可没给你们丢脸哦，我学习很努力，你们不用担心。

爸爸妈妈很欣慰，眼眶也湿润了。

这是一段痛苦的经历，但也激励着我一定要自立自强。

长出梦想的翅膀

出于对大海的向往，高考时，我报考了大连理工大学。大连是一个海滨城市，在辽宁半岛最南端，东濒黄海，西临渤海。

选好大学了，该选什么专业？

我觉得作为一名男子汉，一定要吃苦，吃苦才能够成长。

我问师长：大连理工大学哪个专业最苦最累？他们建议：力学、土木、机械。最后，我选择了工程力学专业。

在大学，我学习了很多基础知识，接触到海洋工程。

地球是一个水球，中国是一个海洋大国，海域面积接近陆地面积的二分之一，海洋是我们的“第二疆土”和“蓝色粮仓”。

为什么这么说呢？

因为海洋中蕴藏着丰富的矿产资源，比如石油、天然气、煤、铁、海洋砂矿、可燃冰等。海洋中还有取之不尽、用之不竭的海洋能源，比如潮汐能、波浪能、风能等。遗憾的是，目前

你知道吗

海洋强国是指在开发海洋、利用海洋、保护海洋、管控海洋方面拥有强大综合实力的国家。习近平总书记指出：“二十一世纪，人类进入了大规模开发利用海洋的时期。海洋在国家经济发展格局和对外开放中的作用更加重要，在维护国家主权、安全、发展利益中的地位更加突出，在国家生态文明建设中的角色更加显著，在国际政治、经济、军事、科技竞争中的战略地位也明显上升。”

人类的科技发展水平和能力有限，对海洋的探索也有限。

国家提出要加快建设海洋强国，特别是要向深远海挺进。而向深远海挺进，离不开海洋装备。什么是海洋装备？海洋装备就是在海上工作时要用到的设备和设施，它们可不可靠、好不好用，直接决定了海上一系列活动是否成功。

科普小知识

海洋装备主要指的是与海洋空间和资源开发、利用、服务有关的各类设备和设施，这些设备和设施都是为了更好地开发和利用海洋资源，提高人类对海洋的认知和利用水平。

我在念研究生时，报考了海洋工程方向，跟随导师做海洋装备，进行技术研究，实现其国产化。这个专业既能和大海亲近，也能发挥个人所长。当项目获得了国家支持时，我也感觉自己在做一件伟大的事。

我的母校大连理工大学，为祖国培养了很多人才。我国首枚大型运载火箭长征五号、超级工程港珠澳大桥、创造载人下潜深度世界纪录的蛟龙号、国产航母、C919 大飞机……这些国之重器，都有校友们的贡献。

我也逐渐明确了自己的目标：成为一名优秀的海洋工程师，为挖掘海洋资源、实现海洋强国梦贡献自己的青春力量。

步入工作后，我努力研制海洋装备，其间遇到了什么难题？又是如何攻克的？接下来，就让我带你们走进我的科学世界吧！

不断攻克海洋装备的技术难关

深远海浮式平台的家族成员

深远海蕴藏着丰富的生物和矿产资源。科学家通过探索深远海，寻找生命起源的奥秘，探查海底资源的分布，掌握海洋变化的规律……

可是，在茫茫大海上，没有落脚的地方，如何干活呢？这时，就要呼叫深远海浮式平台家族，请求帮助。

深远海浮式平台家族成员众多，有深远海浮式海洋科考平台、深远海浮式物探调查平台、深远海浮式渔业养殖平台、深远海浮式油气开发平台、深远海浮式旅游平台等。它们本领各异，哪里有需要，它们就会在哪里挺身而出，大显神通。

你听，“嘀嘀嘀”，深远海浮式平台家族的电话响了。

“我们要探索深远海的生物群落，请求支援。”海洋科学家发来讯息。

“收到！”深远海浮式生物科考平台立刻出发。

科学家们乘坐在平台上搭载的潜水器来到海底，进行了生物调查，采集了样本，回到深远海浮式平台上的实验室，一点点拼凑着深远海的生物资源图谱。

什么是深远海呀？

海域可分为近海、远海、深远海。深远海是距离陆地非常遥远的海域，是海洋科学家们尚未完全探索的领域。

“我们要开辟深远海养殖场，请求支援。”渔民们发来讯息。

“收到！”深远海浮式渔业养殖平台立刻出发。

渔民们在深远海建立大型网箱，这里水质优良、水体交换通畅、养殖面积大、鱼类活动空间广，养出的鱼质量上乘。渔民们在深远海浮式渔业养殖平台上工作、生活，耕耘着深远海渔场。

“我们要在深远海进行油气资源开发，急需清洁的电源，请求支援！”石油工人发来讯息。

“收到！”深远海浮式风电平台立刻出发，通过转动三片大扇叶，给深远海油气开发提供了大量绿色电力。

科普小知识

漆黑无光、高压缺氧的深海，是一个神奇的海底世界。国际科学界认定，深海中蕴藏着地球上最为丰富的物种和最大的生物量，是未来重要的基因来源地，其科学价值难以估量。从 2001 年开始，多国科学家合作进行了长达 10 年的“国际海洋生物普查计划”，对整个地球的海洋生物进行调查。科学家估计，未知的海洋生物最少还有 210 万种。

什么是绿色电力？

绿色电力是指将风能、太阳能等可再生的能源转化成电能。相较于常规的火力发电，即通过燃烧煤、石油、天然气等化石燃料的方式来获得电力，绿色电力更有利于环境保护和可持续发展。

深远海浮式平台长什么样子？简单来说，深远海浮式平台的主体是钢板搭成的大盒子，大盒子漂浮在海面上，被几条大绳子拴在海底，因此就不会被大风大浪吹走。

在大盒子上按照不同的功能需要，放上各种设备、机械和居住模块，形成功能各异、成员众多的深远海浮式平台家族。

深远海的大考验

在深远海工作生活可不容易，那里有很多“小淘气”，时不时来捣乱。浮式平台家族成员必须勇敢地接受挑战，像“定海神针”一样安全、稳定、可靠，才能守护在平台上干活的人类。

深远海域的地形地貌地质特殊，从深水到浅水变化剧烈，在这种环境下，波浪“小淘气”诞生了。在小小的局部范围内，它能够完成180度大回转，行进方向捉摸不定。浮式平台双手牢牢地抓着海底的砂石，身体随着海浪摇摆，但它又必须保持稳定，不能剧烈晃动。还好，浮式平台修炼的是太极功夫。波浪来了，它就摇一摇；风吹来了，它就在绳子的牵引下动一动。这一招一式，讲究的是卸力。

你知道吗

《西游记》中，**定海神针**由太上老君用神铁打制而成，曾被大禹借去治水，当作测量江海深浅的器具。后来流落东海，成为东海龙宫的镇海之宝。孙悟空去东海寻取兵器时，得到定海神针，从此它便成为其专用的战斗装备——“金箍棒”。

忽然，海面上风起云涌，那是台风“小淘气”来了！它的奔跑速度很快，最大瞬时速度可达到每秒 100 米以上。台风“小淘气”跑过海岛，大树被拔起，房屋被吹倒，只有像因纽特人住的那种小小矮矮的房子，才能幸免于难。眼看着台风“小淘气”越来越近，浮式平台想：“任凭风吹雨打，我自岿然不动！”它使出浑身解数，全力抵抗台风，确保不被吹跑。

你知道吗

因纽特人（旧称爱斯基摩人）生活在北极圈附近，那是非常寒冷的地方。在过去几千年里，他们用狩猎得到的动物牙、骨、角和石头做武器，用猎物油脂燃灯。他们冬季住在石屋、木屋或雪屋里，房屋有一半陷入地下。

除此之外，浮式平台还要忍受高温、高盐、高湿、高光照的煎熬。这“四高”联合攻击，可以轻易腐蚀钢铁之躯。家电空调老弟，来到海上不到一年，身体就被锈穿，不久就泄了气。而浮式平台要锻造金刚不坏之身，在海上连续工作 20 年以上。

科普小知识

海水的高温会加速钢铁的氧化过程；海水的高盐会破坏钢铁材料的氧化膜，导致其耐腐蚀性能下降；在高湿度的海水中，钢铁材料表面容易形成水膜，使得腐蚀介质（如氧气、氯离子等）更容易在材料表面扩散和吸附；在高光照下，钢铁材料表面会发生光化学腐蚀，产生铁离子和氢氧根离子，进一步加快其腐蚀过程。

浮式平台为什么这么厉害？因为有许多科学家在它身后加持助力。

为了减少风险，科学家在工作站开展了近 10 年的环境监测，采集了大量宝贵数据，掌握了局部海洋环境的演化规律，所以才能准确预报大部分的恶劣海况。每当坏天气即将来临，科学家就会提醒浮式平台，让家族成员有充裕的时间做好准备，迎接挑战。

其实，浮式平台很厉害，也有我的一份奉献。

你问我是谁？

我就是建造海上浮式平台的科研人员。

由大门铰链引发的灵感

你知道大型海上浮式平台是如何建造的吗？

或许，你在建筑工地上看到过，工人们用钢筋水泥、一砖一瓦建起一座座房屋。但在海面上，工人也是这样浇筑施工的吗？

不是的。浮式平台的面积很大，无法在工厂整体建造。于是，工人会预先制造好平台的各个模块，再把模块运输到海面上进行拼接。而我的工作，就是将各个模块安全地连接起来，拼成大型海上浮式平台。

海上浮式平台的模块是如何连接在一起的呢？

你做手工时，是不是用卡榫、卡槽，或是胶水，把各个模块组合在一起？海上浮式平台的连接，也需要用到一些工具，我把它们称为连接器。

有一次，我接到一个任务，要给一个海上浮式平台设计连接器系统。这个平台称得上是庞然大物，面积足有几个足球场大。一般足球场的长度是 90 ～ 120 米，宽度是 45 ～ 90 米，你可以想象一下这个平台有多大。

要在不停摇摆晃动的海面上，连接起数十米，甚至数百米的平台模块，并且要保证在台风来的时候不被扯坏，又要能根据需要进行平台的自主拆装。这连接器究竟该如何设计？

连续几十天，我绞尽脑汁、苦思冥想、食不知味呀！

直到一次偶然看到大门的铰链，我灵光一闪：有了！

我知道了，是不是像牛顿被苹果砸了一下，便产生了万有引力的灵感？

没错！科学家的许多发明，都是在生活中受到启发后完成的。

你知道吗

为了让建筑保持稳定，抵御自然界带来的冲击，我国古代的建筑师花费很多巧思，进行了诸多尝试。北宋初年，有一位被称作“活鲁班”的建筑师就是这方面的行家，他就是喻皓。一次，人们要在杭州建造一座木塔。才建到第三层，塔身就开始摇摇晃晃，工程一度陷入停滞。一筹莫展之际，人们请来了喻皓。只见他上上下下仔细看了一番，说道：“只用在每一层都铺上木板，把木板钉在木梁上，塔就不会摇晃了。”事实也果真如此，这些木板增加了横向拉力，保持了木塔的稳定。“活鲁班”喻皓的这些做法，跟海上浮式平台上的铰链设计可以说是殊途同归，都是在大自然的考验下，保持建筑稳定的重要尝试。

大门的铰链，一端连接大门，另一端连接门柱，通过中间的轴带动大门来回相对转动，正好契合平台连接器的需求。

于是我决定用铰链的原理做四组连接器，将平台模块连接起来。

可是，四组连接器必须同轴以保持受力均匀，也就是说，在数十米宽度方向上的定位误差不能超过 1 毫米。

为什么要求那么严格呢？

比如家里的大门，如果铰链不同轴，门就转不开了；如果铰链间隙大，门就会晃荡。所以，必须控制平台连接器的加工误差。可是，这给船厂的工艺带来了巨大挑战，施工陷入僵局。

不过，我们科研团队里可是藏龙卧虎的，最终，我们的专家通过激光定位镗孔技术，将这个问题解决了。

科普小知识

激光定位镗孔是一种利用激光技术进行高精度孔加工的方法。它的特点是高精度、高速度、高效率和高自动化。它可以实现快速定位和精确加工，能在各种材料上加工各种类型的孔，包括圆孔、方孔、异形孔等。加工孔径范围可以从几微米到几毫米，加工精度可达到微米级。

国际首次海上自主拆装

海上浮式平台该如何根据需要，在海面上实现自主拆装呢？

最初我和团队考虑采用两艘船辅助开展拆装试验，一左一右，用船顶着，控制平台拆开后的运动。但沙盘模拟结果显示，平台就是在遇到恶劣海况时才需要分离。

什么是沙盘模拟呀？

沙盘模拟就像是彩排和演练，科研人员可以在办公室利用道具模拟海上平台拆装流程，看看哪里不合理需要调整，并及时改善。

试想，海面上波涛汹涌、电闪雷鸣、狂风骤雨，浮式平台模块被迫要相对分离。如果出动两艘船前来辅助，真是危险重重。这船谁能开？谁又敢开？

于是，我们团队连夜调整技术方案。

我们在平台甲板上设置一套系泊装置，通过特定的缠绕方式，并结合轴的插拔，就能够有效地控制这两个模块，使它们平稳地拆开，安全地对接。

最终，我们在不依靠外部装备协助的情况下，仅用2个小时，成功实现了复杂海况条件下双模块平台的国际首次自主拆装。

“命悬一线”的海上调试

海洋装备是否可行，绝对不能纸上谈兵，得靠实践检验。

理论上，所有的公式都有假设条件，而现实中会遇到各种考虑不到的因素，理论无法穷尽所有的可能性，我们只能不断地简化、假设，最后让理论接受实践的检验。

有一次，我们将平台模块拉到海上去调试，验证技术是否可靠。当时，我担任总指挥，要确保这一系列调试的动作都平稳、顺利地完成。

我们要将平台左右两端的绳子拴在海底，平台才能平稳。说是绳子，其实

名人名言

人的思维是否具有客观的真理性，这不是一个理论的问题，而是一个实践的问题。人应该在实践中证明自己思维的真理性，即自己思维的现实性和力量，自己思维的此岸性。

——马克思

是由不同规格的钢链、钢索或尼龙绳分段组合而成。但刚完成一端连接时，海面上突然出现热带风暴，乌云从东边弥漫到西边，天一下子就暗了。十分钟后，海面上狂风暴雨。

热带风暴的发展速度非常快，天气预报都没能预报出来。

大家没法继续干活，只能回到船舱里，盼着坏天气赶紧过去。

在海上多待一分钟就多一分危险。我们就像大海上的扁舟，风雨飘摇，“命悬一线”。

天黑了，我依旧急得睡不着觉。平台只连着一个点能扛住热带风暴吗？工作人员的安全能保证吗？万一这个点没扛住，平台会不会直接被吹跑了？

狂风巨浪一来，拴住平台的绳子就被拉紧，同时发出“嘣嘣嘣”的声音，而我的心也跟着“嘣嘣嘣”地跳起来。

那个晚上，我起了三四次，冒着风雨到甲板上检查设备，生怕出现问题。

到了第二天早上，风雨小了很多，平台安然无恙，它经受住了考验，我们悬着的心也落了下来。

科普小知识

热带风暴是一种旋转的风，中心附近最大风力达 8 ～ 9 级（风速 17.2 ～ 24.4 米 / 秒）。它经过之处，总会大雨倾盆。热带风暴是“台风编号”的起始级，为了便于理解，有时把热带风暴、强热带风暴、强台风和超强台风统称为“台风”。

一个海洋装备的诞生，要经历很多环节，不仅要在电脑上设计好，还要在实验室里验证好，更重要的是让装备经受得住复杂的海洋环境的考验。所谓的搞技术、搞研究，很重要的一步就是要拿到实际工程中去检验。所以，“知行合一”非常重要！

延伸阅读

我国有哪些海洋装备？

广袤的深海海底，寒冷、高压、低氧、没有光照……电磁波和卫星信号都无法抵达，那里是黑暗的“无人区”。不同于陆地，人类对深海的认识和开发还处于初级阶段。

人类认识、探索、开发深海，无论是探测、科考，还是采矿、旅游，都离不开海洋装备。500 年前，达·芬奇设计了潜水服，让人类可以潜入水下探知海洋世界。150 年前，凡尔纳创作的《海底两万里》中的科幻场景目前正逐渐成为现实。神秘的深海，已不再可望而不可即。

那么，现如今我国科学家设计了哪些高精尖海洋装备？取得了哪些成就？

蛟龙号载人深潜器

蛟龙号载人深潜器，是中国首台自主设计、自主集成研制的作业型深海载人潜水器。2012 年，蛟龙号在马里亚纳海沟创造了下潜 7062 米的中国载人深潜纪录，同时也创造了世界同类作业型潜水器的最大下潜深度纪录。

彩虹鱼号 11000 米载人潜水器

彩虹鱼号 11000 米载人潜水器，能够抵抗水下 11000 米处的巨大水压，是中国首艘万米深渊级载人深潜器，填补了中国深渊领域研究的空白。

雪龙 2 号极地科考破冰船

雪龙 2 号是我国第一艘自主建造的极地科考破冰船，也是世界上首艘具备双向破冰能力的破冰船。它像一座海上移动实验室，载着科考设施、补给物资进入过去无法到达的海域。

海牛Ⅱ号海底钻机

海牛Ⅱ号海底钻机体重 12 吨，是个庞然大物，但在海底，它能像泥鳅一样灵活。2021 年，海牛Ⅱ号海底钻机潜入南海超 2000 米深水海底，成功下钻 231 米，取得海底的可燃冰样品，并刷新了世界深海海底钻机钻探深度。

游伟伟：

和鲍鱼并肩作战的“战略家”

你知道吗？鲍鱼作为“四大海味之首”，素有“一口鲍鱼一口金”之说，现在已经“飞入寻常百姓家”，成为餐桌上的一道家常菜啦！全球每生产十只鲍鱼，就有九只来自中国。你知道这是怎么做到的吗？让我们一起走进游伟伟老师的故事，了解一下他和鲍鱼“战友”们的精彩经历吧！

科学家档案

游伟伟

- 厦门大学海洋与地球学院教授、博士生导师。国家贝类产业技术体系鲍种质资源与品种改良岗位科学家，福建省海洋经济生物遗传育种重点实验室副主任。
- 长期从事贝类遗传育种的研究工作，以主要完成人身份培育4个国家级水产新品种，其中绿盘鲍获评中国农学会2020年中国农业农村重大科技新成果十大新产品。
- 近五年，游伟伟团队累计推广新品种鲍苗6.94亿粒，覆盖了我国主要鲍鱼养殖区。

人生格言

做科研，兴趣是非常重要的，有兴趣才会有热情，有热情才有可能真正把事情做好。

成就别人，也是成就自己。

我与鲍鱼的奇缘

缘分让我和鲍鱼相遇

一说到鲍鱼，总会让人垂涎三尺，这个海洋里的“软黄金”，味道鲜美、肉质细嫩、营养丰富。

而我，每天都要和鲍鱼打交道，别人舌尖上的美味，成了我探索海洋的一扇窗户。别看我现在和鲍鱼抬头不见低头见，亲密如“朋友”“战友”，但我小时候其实压根儿都没见过鲍鱼长什么样子。

我小时候因为没有生活在海边，所以对海洋几乎可以说是一无所知。

唯一的认知就是中学的时候去了湄洲岛，那里是妈祖的故乡。当时我看到当地人对海洋有着如此强烈的信仰，大为震撼，感受到探索大海的不容易以及大自然令人敬畏的美丽。

而这，就是我在上大学之前对海洋最深刻的印象。

2003 年，我来到厦门大学攻读硕士学位，那时候第一次接触到了鲍鱼。

当时我只知道鲍鱼很贵很稀有，跟自己离得很远，但没想到后来要和它打一辈子的交道。

你知道吗

湄洲岛是福建莆田市秀屿区湄洲镇辖岛，是莆田市第二大岛，素有“南国蓬莱”的美称，既有远近闻名的湄屿潮音、九宝澜黄金沙滩、“小石林”鹅尾怪石等风景名胜 30 多处，更有名震四方的妈祖祖庙，2020 年被列为国家 5A 级旅游景区。

我在讲述和鲍鱼的不解之缘

最熟悉的陌生“鱼”

说起我这个鲍鱼“朋友”，刚开始还不熟悉的时候，为了和它套套近乎，我可是下了很多功夫去研究，可越研究，越让我有点摸不着头脑。

一提到海洋生物，大家的脑海中肯定首先浮现出那些特征非常明显、辨识度很高的生物。比如海豚，特点是聪明、通人性；鲨鱼，特点是凶猛和尖尖的牙齿；还有那种能孕育珍珠的蚌类、梦幻般的水母……

可鲍鱼就很奇特了，你看它虽然叫“鱼”，却不是鱼类，而是一种贝壳类的生物。它不像蚌或者扇贝那样，有两个壳，鲍鱼只有一个壳，这其实是很少见的。

那么，大家来猜猜看，它跟谁是亲戚呢？

铛铛铛！答案揭晓！它跟螺和蜗牛是亲戚。

哈哈，没想到吧！大家可以在脑海中这么想象，它其实就是一只被“啪”的一巴掌拍扁的螺，这也是它的一个很重要的外部特征。

而它的另外一个特征，就是昼伏夜出，是一种很典型的夜行动物。

鲍鱼白天都在休息，晚上才出来觅食和活动，为什么会这样呢？

因为鲍鱼本身是吃海藻的，对别的动物很难构成威胁，但却很容易被别的动物吃掉。所以它为了避免被吃掉，就很爱躲在石头缝里面，到了晚上才出来吃东西。

你看它这么热爱“夜生活”，听上去很惬意吧？可这却苦了我们这些研究它的人。最开始在研究鲍鱼育种的时候，为了配合它的这种作息方式，我也必须变得像“夜猫子”一样，昼伏夜出，这种工作方式也成了我和许许多多行业前辈们的科研常态。鲍鱼的繁殖季节每年仅 1 个多月，为了把握时机，在那段时间里我们几乎是昼夜无休地开展工作。

可这还不算什么，更打击我的，还有它那略显“冷冰冰”的态度，让我很难和它产生“心灵感应”。

科普小知识

海藻是海带、紫菜、裙带菜、石花菜等海洋藻类的总称，是生长在海中的藻类，是植物界的隐花植物。藻类包括数种不同类经光合作用产生能量的生物，它们一般被认为是简单的植物。

遇事不决就找“外援”

大家如果去过海洋馆，看见过海狮、海豹、白鲸，就很容易发现，那些海洋生物很通人性，能和我们很好地互动。

在我刚开始研究鲍鱼的时候，有几个同学是研究鱼类、虾类的，当时我就挺羡慕他们的，因为这些鱼、虾，如果你给它投饵料，或者调节它的生存环境，它会有反应，会动，通过动物行为学，你甚至可以知道它今天开心不开心。

科普小知识

动物行为学是研究动物为了适应环境变化(刺激)所做出的反应的学科。由于研究的对象是动物的行为，学科因此得名。

但鲍鱼就有点麻烦了，且不说前面提到的昼伏夜出，老爱躲起来，不容易和它碰面，就说它的速度，说是龟速，可能连乌龟都嫌它慢。

我们曾经尝试用摄像头去跟踪它，但它可能一整天运动的时长不超过两个小时，爬行的总距离仅仅两三米，就这么懒洋洋的，你很难猜到它在想什么，它的心情如何。

这点给我的挫折感是非常强的，因为如果你没法真正了解你的研究对象，那你就很难对它产生一种研究的热情。

没办法，一旦遇到这种必须解决的难题，我知道，除了自己闷头去想，去查找资料，还需要多请教有经验的人。

我那时候就经常跟渔民朋友交流，每次都受益匪浅。我发现，这些渔民朋友都好厉害啊！他们懂的真多。我不明白他们懂的知识那么多，我们怎么知识面这么狭窄，或者说我们只知道看书本上的知识，对于如何解决实际的需求，经验却是很欠缺的……

在和很多渔民朋友深入交流后，我慢慢有了把握，便继续耐心地去观察研究，对鲍鱼行为的探究让我脑海中浮现出一些问题。它爬出来想要吃东西，会走什么样的路线？然后吃饱了该怎么回去？……

就这样，积累了足够多的数据后，我们就清楚了，原来不同品种的鲍鱼在不同的季节，如果对其投喂不同的食物，它们的行为就会发生变化。这些变化非常细微，诸如爬行轨迹产生的变化，往往代表了它们心情的波动。

成就他人也是成就自己

每当我的研究有了重大进展时，除了家人、学校的师友、身边的朋友，我还会第一时间告诉那些渔民朋友，因为我知道，在对鲍鱼生活习性的探究上他们帮了我太多。

我每次到他们那里，他们都特别热情，拿各种好菜比如海鲜来招待我。让我感触最深的一点就是：因为他们都是以自己的全部身家在养殖鲍鱼，所以我们如果能够有一点点的技术突破，对他们都有着很重要的意义，比如说可以减少家庭的日常开销、增加一些家庭收入等。这也给了我一种强烈的责任感。技术突破一小步，实践应用一大步。一个看似很小的技术突破可能会让别人有很大的受益，这是我们从事单纯技术研究非常令人欣慰的地方。

试想一下，如果你只是天天在实验室里待着，那你周边的人都是你的同学或者同事，你比来比去可能就是比一些个人得失方面的东西。但你要是能走到那些百姓的生活里去，你就会发现，哇，原来我们的研究是这么有价值的一件事，那你就不会去计较很多事情。

这是我们做海洋农业特别幸福的地方，看到那些渔民朋友们的一张张笑脸，我感觉身上充满了能量和激情。

现在，你一定很想知道，我和鲍鱼究竟一起闯过了哪些难关吧。快跟我来，一起深入了解鲍鱼的奥秘吧！

我和鲍鱼曾打赢了三场“战役”

我的神奇宠物

“哇哦，你们家的小狗真可爱，养得肥肥的。”

“你们家的小猫也很萌呀！”

“游老师，你有没有养过宠物呢？”

○ 我国海上鲍鱼养殖基地

“哈哈，养啊，我的宠物是鲍鱼。”

“啥？”

先别惊讶，我们知道，很多人喜欢养小猫、小狗作为宠物，像我这样把鲍鱼当宠物来养的，估计你也是第一次听说吧？

其实，鲍鱼不仅是我的好朋友，更是我的好“战友”。我曾利用高科技手段，与它们并肩战斗，打赢了三场重要的“战役”呢！

听上去很不可思议吧？前面我们已经提到，鲍鱼这位“战友”身上有不少神奇之处。

别看它生活在海里，名字叫鲍鱼，但它却不是鱼，而是一种海洋贝类。

可是呢，它又不像能生产珍珠的蚌，蚌有两片壳，一合上就是保护自己的坚硬铠甲。

你可能会觉得，这个造型过于“大胆”，就这么把身体的一整面都暴露出来，太危险了吧！

别担心，它很聪明的。

为了避免被吃掉，鲍鱼在白天都躲在海里的石头缝中，到了晚上才出来，慢吞吞地遛着弯，饿了吃海藻，饱了赏赏月，那“躺平”的状态，着实令人羡慕。

然而，天有不测风云，一场席卷鲍鱼圈的灾难，很快就降临了。

而我，也正是在这个时候，第一次加入战局，和它们并肩作战。

第一战：与流行病的阻击战

那场“战役”距今差不多有 20 年了，虽然是一场没有硝烟的“战役”，但其过程之艰辛，胜利的来之不易，都让我至今记忆犹新。

那时，我刚考上研究生，但鲍鱼圈已是“哀鸿遍野”。这次的敌人是一种流行病，对鲍鱼来说致死率极高。看着一批批鲍鱼不断“倒下”，全国养殖鲍鱼的渔民们心都碎了。

不过，他们也没有坐等奇迹，而是积极地想对策。

有人对养鲍鱼的海水进行消杀，把水变得很干净，从而让病毒无处藏身。

有的则是给鲍鱼投喂更有营养的食物，提高它们的抵抗力，让它们更有能力抵挡病毒的攻击。

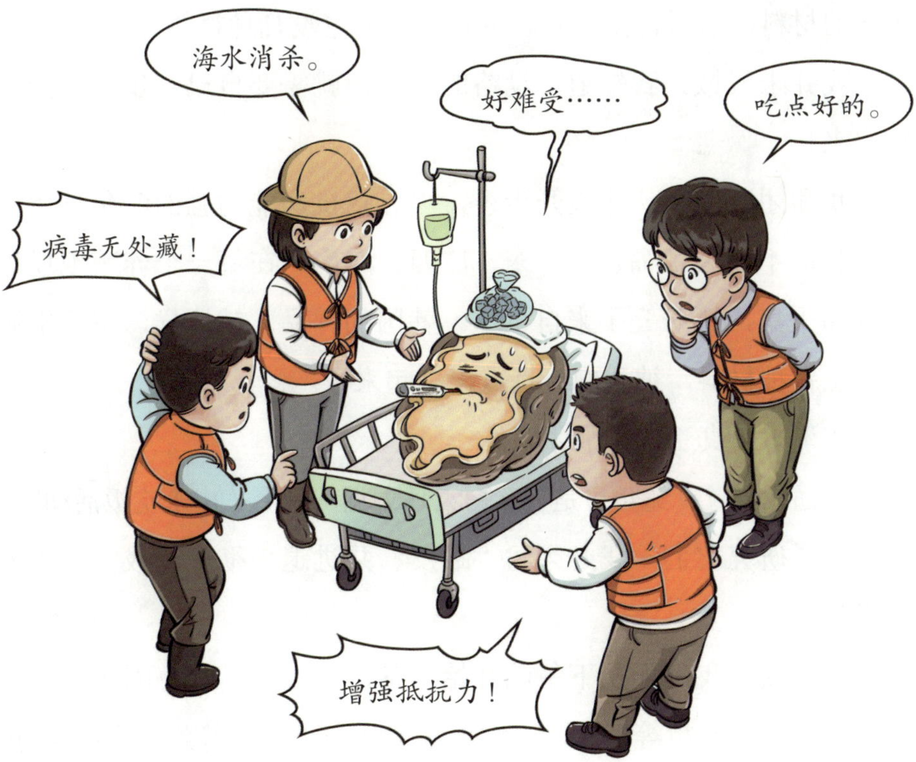

大家想了很多办法，但鲍鱼依旧不断“倒下”。

我当时就在想，既然改善外界环境和食补，都不能解决问题，为什么不从鲍鱼本身的品种入手呢？

于是，我的博士论文有了方向，就是研究能够天生自带免疫力、抵抗流行病的鲍鱼新品种。可理想很丰满，现实太骨感。

那时的我还只是个育种新人，鲍鱼养殖的知识大多还停留在理论阶段，实际操作中的很多技能都需要向渔民朋友们请教。当时国内外关于如何培育抗病鲍鱼品种的研究资料也几乎为零，完全没有可参考的成功案例。而且，当时基因测序技术刚起步，我们只能用很传统的选种和杂交育种的方法，通过大量的选种，挑选出天生能抗病的材料，然后再做实验。可我们手上也没几种材料可选……

我并未气馁。我知道，没路的时候，就需要自己一步一步把路踩出来！

我和团队的小伙伴迈开步子，去寻找抗病能力强的鲍鱼种质资源。我们不仅去了福建、广东、广西、海南，在每一个养殖现场进行样品采集，还研究了来自日本、韩国的样品。就这样，不同来源的鲍鱼育种材料，被我们一点点积累起来了。

接下来，真正的挑战才开始。

前面我说过，鲍鱼可是喜欢白天睡大觉，晚上才出来吃饭活动的。

为了研究它们，我必须与“战友”共进退，彻底变成一个“夜猫子”。

那时候，我每天从下午就开始准备，等天黑后，每隔一小时进行催产、人工授精等工作，一忙就是十几个小时。等到工作结束时，往往已是第二天上午了。

为了不惊扰到鲍鱼，整个实验操作过程都只能在一个个海水缸里完成，工作的空间就像是装修简陋的水族馆，不仅黑暗、密闭，还特别潮湿。

就这样，实验持续了近3年，可是，一直没有好的进展。

那段时间，我们就像在伸手不见五指的海底缓慢前行，四周一片黑暗，找不到方向。迷茫、失望的情绪，更像是汹涌的海水，压得人喘不过气来。

然而，我们仍然没放弃，就像鲍鱼一样，虽然移动的速度比蜗牛还慢，但只要一直在前进，一直不停，相信一定会迎来最后的胜利！

终于有一天，育种基地的一名工人兴奋地跟我说："游老师，快过来看，你那个鲍鱼'神了'！"

杂色鲍"东优1号"

原来，在我们开展的同池养殖试验里，普通的对照组鲍鱼出现大量死亡，而试验组的鲍鱼，却仍然活力满满！

我们终于成功培育出了能抵抗流行病的鲍鱼新品种……这场与

流行病的阻击战，终于取得了来之不易的胜利。

第二战：与高温环境的“心理”战

在 28 摄氏度的气温下，人类的体感还是很舒适的，但你知道吗？ 28 摄氏度的海水，对于鲍鱼来说，就是高温的灾难了。

我们人类或者其他哺乳动物，属于恒温动物，能够自己调节体温，鲍鱼却是一种变温动物，如果环境温度升高，它们的体温也会升高。

水温达到 28 摄氏度后，它们的身体就会承受不住这个温度，而被“热晕”，甚至失去生命。

高温引发的第二场“战役”，就这样“火辣辣”地打响了。我非常着急，如果仅用温度作为检测标准，为了选出一两只耐高温的鲍鱼，伴随着的很可能是成千上万只鲍鱼的死亡，这代价实在太高。

可是想找到另一个直观的检测标准，又实在太难。这不像研究大规格的鲍鱼，你可以拿尺子和秤，去量大小、称重量。面对高温这个“敌人”，我们竟一下子找不到解决的办法。

因为鲍鱼实在是太“淡定”了！

我们知道，一般的小动物，比如小猫、小狗，觉得太阳很晒，就会跑到树荫下乘凉。很多海里的鱼、虾，如果感觉水温高了，也会寻找凉快的地方。

可是，鲍鱼对温度的反应，就会慢很多拍，等它感觉到好热的时候，可能已经被热晕了。

那时候，整个行业都一筹莫展。有一天，我偶然看到一则国外的新闻，居然可以给一些螺类测心跳。我突然来了灵感："鲍鱼不也是螺的亲戚吗？有没有可能把鲍鱼的心跳也测出来呢？"

说干就干，我们马上就买了一套装备，调试各种参数。其间也遭遇了多次失败，但在不断地改进后，终于，我们把鲍鱼的心跳给测出来了！

正常状态下的鲍鱼心跳，跟人的心跳很相似，鲍鱼的心跳波形也很漂亮、稳定。当外界的海水温度持续升高，鲍鱼的心跳会从一分钟四五十下，上升到一分钟七八十下。

可是呢，如果温度过高，超过鲍鱼的承受范围，它的心跳反而不再增加，甚至会减少到一分钟只跳二三十下，而且会出现各种心律不齐、紊乱的情况。

这时候，它已经热得快不行了……历经曲折，我们终于找到了这些规律。

此外，不同的鲍鱼个体，心率开始下降的温度临界点也是不同的。

科普小知识

我们知道，心脏的正常跳动是一下一下的，心脏的这种跳动叫心律，它是非常有规律的。如果有生物出现了异常的心律，比如心律频次、形态与正常时不一样，这个时候我们就管它叫**心律不齐**。人如果心律不齐，可能会伴随心慌、心悸、气短等症状。

于是，我们研究出了很多办法，比如设定好几分钟内升高一摄氏度后，一度一度地慢慢去升温，利用心跳的实时反馈，灵敏地筛选出耐高温的鲍鱼个体，同时，又不会让它“中暑”。

○ 西盘鲍

就这样，我们终于培养出了制胜“王牌”——西盘鲍。它很能忍耐高温，彻底锁定了胜局。

在科研攻关不断取得突破的有利形势下，如今，我国的鲍鱼产量快速提升，全世界每养殖十只鲍鱼，有九只都来自中国。

第三战：与国外竞品的“体格”战

养殖数量冲上去了，就算是真的成功了吗？

不一定。

因为我们每年还需要花几十亿元进口国外的鲍鱼，而且我们的鲍鱼价格，也只有澳大利亚、南非等国鲍鱼价格的三分之一。

这是怎么回事？

原因啊，还是在于我们的鲍鱼个头太小了。

大部分都是五头鲍，连四头鲍都很少，而国外很多是两头鲍，甚至是一头鲍。

啥？头？鲍鱼难道还长好几个脑袋的？你一定会问。

“头”是计量单位，我们以一斤重为基准，一斤鲍鱼有几只，我

≈500g
一头鲍

们就称为几头鲍。“头”数越少，价钱越贵。

就像是跑步比赛，最厉害的一头鲍（即1斤只有1只鲍鱼)就是第一名，而七头鲍(即1斤有7只鲍鱼）是第七名。那些外国的鲍鱼“运动员”，一个个“鲍高马大跑得快”，对我国的鲍鱼“选手”可谓是全面压制。

≈250g
两头鲍

≈125g
四头鲍

≈100g
五头鲍

≈70g
七头鲍

这感觉太憋屈了，怎么办？

必须战！

第三场“战役”，号角正式吹响。这一次，面对的不再是外部对手，而是要自我突破极限，看能不能养殖出国内从未有过的大规格品种。

人们常说:“种瓜得瓜，种豆得豆。”我们手上的都是小型鲍鱼，没有好的遗传资源，就培育不出好的品种。所以，不管我们怎么改良，都像是矮个子里拔高个儿，硬要把它培养成大个头，几乎不可能。

于是，我们花了十几年时间，从多个国家引进不同的鲍鱼品种。品种多了，接下来就看做实验了。

做杂交实验，就像开盲盒，我们并不知道哪个组合才是最好的。只有发挥愚公移山的精神了，一次不行就两次，十次不行，就一百次、一千次！于是，我们开展了成百上千次的杂交测试，还创制出了高效远缘杂交育种技术。

科普小知识

远缘杂交就是不同种属间甚至亲缘关系更远的物种之间的杂交。远缘杂交在育种上的意义主要是：研究物种演化，创造新物种、改良旧物种、创造和利用杂种优势。

为了验证结果，我经常和渔民朋友们交流，将各种杂交组合的试验鲍鱼苗，交给他们进行养殖。功夫不负有心人，有一天，我突然接到一个渔民朋友的电话，他语气很兴奋：“游老师，这到底是什么鲍鱼？长得也太快了！”

原来，有个试验组的鲍鱼长得很快，生长速度比普通鲍鱼快一倍，而且长出了国内从未有过的大个头。

就这样，我们终于培育出了目前国内最大的鲍鱼——绿盘鲍，一只足有 2 斤重。

绿盘鲍

来看看这些优秀选手吧，渔民们骄傲地称它们为“中国大鲍”“皇金鲍”，它们已经可以完美替代国外品种了。

这场挑战体格的“战役”，我们又打赢了。

第 N 战：我们的征途是星辰大海

从古至今，鲍鱼的名头都很响亮。古人把珍贵的食材形容为山珍海味，而鲍鱼正是“四大海味之首”，号称“一口鲍鱼一口金”。《南史·褚彦回传》就记载，当时的鲍鱼“一枚直（值）数千钱”。

数千钱是多少啊？

按照古时的条件，一个打工人要不吃不喝干 3 个多月，才能买得起一只鲍鱼。

俗话说“物以稀为贵”，鲍鱼以前之所以贵，是因为它数量稀少。

现在，经过了数不清多少次的科研“战役”，一个个问题得到了解决。市场上的鲍鱼，不仅数量多、个头大，价格也很便宜，鲍鱼已经“飞入寻常百姓家”，成为老百姓餐桌上的一道家常菜了。

然而，步履不停，科研继续，未来我们还有可能去太空育种呢！把鲍鱼的种苗带上天空，接受太空环境的刺激，然后再回到地面上，看看能否培养出新品种。

如果能够打开太空“盲盒”，想想都超有趣。

以星辰大海为征途，哪怕是第 N 场“战役”，我们也有信心打赢它！

科普小知识

太空育种即航天育种，也称空间诱变育种，是将作物种子或诱变材料搭乘返回式卫星或高空气球送到太空，利用太空特殊的环境诱变作用，使种子产生变异，再返回地面培育作物新品种的育种新技术。

截至2020年9月，我国先后30多次利用返回式卫星、神舟飞船、天宫空间实验室和其他返回式航天器搭载植物种子，已在千余种植物中培育出700余个航天育种新品系、新品种。累计种植面积1.5亿亩，产业化推广创造经济效益2000亿元以上。除粮食、蔬菜、水果、油料等农作物品种外，还创制出林草花卉、中草药新品种和制药、酿酒等微生物新菌种。

延伸阅读

鲍鱼有哪些实用的价值？

营养价值高

鲍鱼的营养极为丰富，含有 20 多种氨基酸，每 100 克鲜鲍鱼肉约含蛋白质 23.4 克，脂肪 3.4 克，无机盐钙 32 毫克，铁 3.0 毫克，还有相当数量的碘、锌、磷和维生素 A、维生素 D、维生素 B_1 等。

药疗效果好

中医认为鲍鱼具有滋阴补阳、止渴通淋的功效，是一种补而不燥的海产，吃后没有牙痛、流鼻血等副作用。鲍鱼的壳，中药称“石决明”，因其有明目之功效，古书又称之为“千里光”。石决明还有清热平肝、滋阴壮阳的作用，可用于医治头晕眼花、高血压及其他类症。现代研究表明，鲍鱼肉中能提取一种被称作“鲍灵素”的生物活性物质。实验表明，它能够提高免疫力，破坏癌细胞代谢过程，提高抑瘤率，却不损害正常细胞，有保护免疫系统的作用。

秦宁：
给地球“拍CT”的“医生”

对于石油二字，你或许并不陌生，但你真的了解石油吗？生活中有很多常见的东西都是石油制品，你知道有哪些吗？通过放炮就能找到深埋地底的石油，这是如何做到的呢？关于石油勘探的奥秘，你有什么想了解的吗？接下来，就有请秦宁老师来为我们解答吧。

科学家档案

- 中国石油化工股份有限公司胜利油田分公司物探研究院总工程师。
- 国家重大专项“滩浅海油气勘探”技术专家，主持高精度地震偏移技术和配套软件自主研发攻关，打破国外技术垄断，为多油田的发现提供重要技术支撑。
- 在国内首次提出水陆双检融合压制鸣震新方法，大幅降低成像深度误差，助力我国滩浅海勘探 1.2 亿吨储量发现。

秦宁

人生格言

不到现场，就无法了解实际情况；不看到原始数据，就无法分析定位问题。

我的“石油勘探”之路

梦想开出一朵石油之花

我的家乡在青岛平度，20 千米外，就是潍北油田。小时候，我时常会听见外面传来“轰”的一声巨响，震得房子都在晃动。

我觉得很奇怪：“又没有过年，是谁在放炮玩？”

终于有一天，我见到了那些放炮的人。

○ 野外的地震采集接收装置

那是一群穿着红色工作服的叔叔。他们有的背着成捆的线缆，在空旷的田野里挖洞；有的在一辆装着各种仪器的大车上，操作着设备。

我很好奇，上前去问：“叔叔，你们怎么都穿着红色的衣服呢？”

一个叔叔回答我说：“因为我们要经常坐车去户外工作，红色工作服非常醒目，离开时就比较容易找到人。”

“那你们在做什么啊？”

“我们在找石油。”

“挖洞就能找到石油吗？”

“不是哦，我们挖洞是要往里面放炸药，这样就可以通过放炮搜集资料，寻找石油了。”

那时候，谁家有电视机都会被围观，更别说这辆神秘的大车上满是先进的设备和仪器。看着工人叔叔摆弄着它们，旁观的我心里充满了各种好奇。

"靠放炮，就能找到石油？这也太神奇了吧。"

从那时起，石油在我的心里，埋下了一颗神奇的"种子"。后来，上学读书了，这颗"种子"每一天都在萌芽、生长，最终开出了一朵花，一朵叫"我也要为祖国寻找石油"的理想之花。

在办公室，是闻不到油味的

高中毕业后，我报考了中国石油大学，选择了"勘查技术与工程"专业。

在许多人看来，这是个"男子专业"。果然我们班 30 多名同学，只有 6 个是女生。

家人朋友们都问我："你一个女生，能学明白吗？"

我毫不犹豫地回答："能！"

从此，话不多说，我一心扑在了学业上。

2013 年，我博士毕业了。不少国内外的知名公司都向我抛来"橄榄枝"，导师也希望我能够留校工作。但我还记着小时候的梦想，毅然选择了奔赴胜利

科普小知识

油气田是单一地质构造（或地层）因素控制下的同一产油气面积内的油气藏总和。一个油气田可能有一个或多个油气藏，在同一面积内主要为油藏的称为油田。一般根据可采储量分为特大型油田、大型油田、中小型油田。位于黑龙江省的大庆油田是我国第一大油田，本书提到的潍北油田位于山东省潍坊市北部，是复杂小断块油藏的代表。

油田。

虽然干劲十足，但是刚到油田的时候，作为新人，我还是有些不适应。

工作总是干不到点上，负责处理的地震资料，总是达不到要求……在我职业生涯的第一次组织生活会上，说到自己的不足时，我情不自禁地哭了起来。

会后，党支部书记单独找到我，他说："没事的，能意识到自己的不足，就是件好事……"

那天，他讲述了自己如何从一名大学毕业生成长为技术专家的经历和感受。

前辈的指导让我明白了一个道理："在办公室，是闻不到油味的，必须到现场去。"

在现场，才能采集到第一手的资料。从那以后，我便主动要求去野外采集现场。

破解数据背后的油藏密码

地震勘探大多是在冬天施工的，在进行野外采集工作时，我往往一待就是一整天。

出门前，我会做好准备：带上简单的食物，穿上好几层棉衣、棉裤。

野外的风冰冷刺骨，不用多久，我就被冻得手发麻，脚冰冷，嘴唇发紫。

冬天那么寒冷，地震勘探工作为什么要选在这时候呢？就不能换个时间吗？

这里面其实是有讲究的。

一方面，是为了尽量不损害农作物。例如在北方，冬天地里不会有什么庄稼，那么爆破的影响就会比较小。

另一方面，是地震勘探需要在地里放置检波器。夏天多雨，地面有很多淤泥，检波器在地里放不稳，这便不利于数据的检测。而冬天的泥土很坚实，就没这种烦恼啦。

对一个女同志来说，这还不是最大的挑战，最大的挑战是野外没有厕所，非常不便。

同事们都劝我：“你一个女孩子，待在驻地就行了，不用到现场。”

可我觉得，“不到现场，就无法了解实际情况；不看到原始数据，就无法分析定位问题”。

只要能解决问题，这些困难对我来说，都算不上什么。

地震勘探的施工时间是在冬天，而我们去野外寻址，很多又是在夏天了。

除了田野，我和我的同事们还时常要到沙漠里、到淤泥滩上，去查看那些表面露出的岩石类型，从而判断地底下的岩层状态。

你家那儿有荷花塘吗？

到了莲藕成熟的日子，人们是不是会穿着防水的连体裤下水挖莲藕呢？

我们在淤泥滩里做采集工作的时候，穿的也是那样的衣服。

淤泥滩的淤泥很深，差不多可以埋到人的腰上。在这样深的淤泥里行走是件非常艰难的事，每往前走一步我都要使劲拽自己的腿，感觉像拔萝卜一样。

要是你在里面安装检测装置，几个小时没动，感觉就好像被冻在里面了。仪器设备也很容易陷在里面拿不出来。

另外，除了户外的一些现场工作，我的主要工作还是对着电脑处理和分析资料。

一个工区三维采集的地震数据非常庞大，至少有 10TB，相当于 1 万多部电影的容量。

科普小知识

TB 即太字节，是计算机存储容量单位。计算机存储单位一般用字节（B）、千字节（KB）、兆字节（MB）、吉字节（GB）、太字节（TB）、拍字节（PB）、艾字节（EB）、泽字节（ZB，又称皆字节）、尧字节（YB）表示。随着现代信息技术的发展，电脑已经成为我们生活中不可或缺的一部分了。这些计算机存储容量单位，我们生活中经常会使用到。办公用的文档容量较小，常用 KB 作为单位。下载的电视节目、电影容量较大，一般会使用 MB、GB 作为单位。1TB 等于 1024GB。假设一部电影的容量是 1GB，那 10TB 就相当于 10240 部电影的容量了。

我在存放地震数据的磁带

也许你会觉得查看那么多数据，是一件枯燥且费时的事。

但对我来说，却是乐在其中。

在观看资料的过程中，我不断在思考：“该用哪些数据？如何筛选出有价值的数据？如何让地下油藏片子呈现得更加完美？”

这些片子，或许能给地质人员的勘测工作带来有效帮助。当你经过数月的努力，终于拿到了自己亲手处理的地下构造成像剖面图的时候，你就会觉得所有的辛苦都没有白费。

对于现在的我来说，比较重要的还有创新工作，比如勘探软件的自主研发。

做中国人自己的“千里眼”

随着多年的开采，寻找地下的石油，越来越困难。

怎么办呢？

我们迫切需要一种软件，能够赋予我们看穿地层的“千里眼”能力，找到更复杂隐蔽的油气藏，拍出更高清的照片。

2014 年，我参与了海外项目的投标工作。由此，我了解到外国公司的商业软件不仅报价高，而且禁止用户使用其商业软件参与投标。

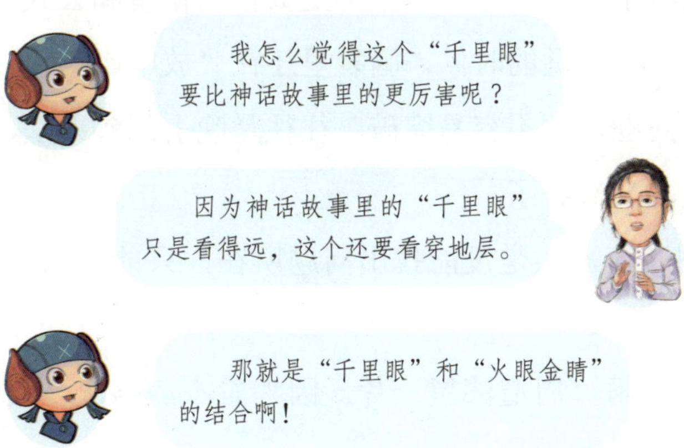

我在用从地下取出来的岩心，分析计算地震波速度

这让我清醒地认识到：任何核心技术都是买不来、要不来、讨不来的，中国人要想挺直腰杆做勘探，就必须走自主研发之路。

我们必须研发自己的软件，不能被别的国家"卡着脖子"走！

一开始，我们团队想的是，先模仿再优化。但是，自研软件的测试结果与商业软件的结果总是对不上，效果怎么都不如人家的好。

于是，我抛开借鉴的念头，决心从"0"开始，从最基本的地震波动方程出发。

我白天学习处理软件，晚上查阅文献、推导公式、编写代码。为解决一个程序问题，为调试一个参数，反复试验十多次是常有的事。

那段时间，我就像着了魔一样，满脑子都是成像的模型和公式。吃饭想，走路想，就连晚上睡觉的时候，脑袋里还在"放电影"。

可是，这样的瓶颈问题，并不容易突破。往往是晚上想到办法，很兴奋，白天一做实验，又灰心了。

有一天，我工作到深夜，还是没能找出问题所在，只能先回家休息。

这时，外面正下着暴雨，周遭漆黑一片。因为看不清路况，我开车很小心。

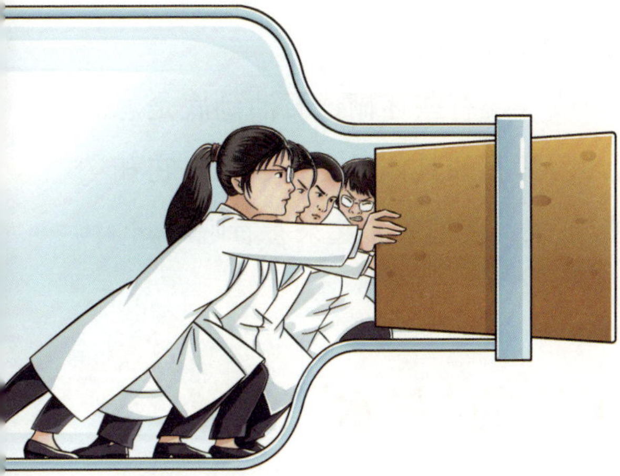

突然，车子狠狠地震了一下，把我吓了一跳。

我赶紧下车查看：原来是车轮陷进了坑里，轮胎被扎爆了。

当时，我站在车前，被明亮的车灯照得有些睁不开眼。我下意识转头，然而就在这一刹那，我的心里马上乐开了花。

你会不会奇怪，车坏了我怎么还开心呢？

因为当看到打向远方的灯光时，我瞬间有了灵感：一个灯的亮度和范围有限，但是，多个灯叠加到一起，不就能照得更亮，照得更远吗！

那个雨夜，车灯的光穿透了困扰我多时的迷雾，照亮了我未来前进的道路。

我和团队成员进一步讨论方案、重建流程。经过近百次的测试分析，我们终于突破了技术上的瓶颈，成功研发出了高精度成像软件模块。

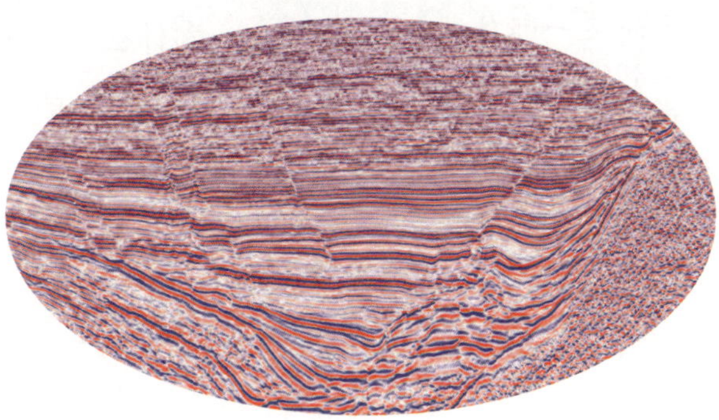

我们为地层拍的高清照片

能看穿地层的“千里眼”，诞生了！

这大大提高了地

下油气藏的成像精度，为一大批高产油井的发现提供了技术支撑。这也打破了国外技术垄断，保障了国家的能源安全！

讲了我的石油勘探之路，大家或许还有些迷糊，石油到底是怎么被我们找到的？总是听人说石油，那石油具体又是什么呢？它和我们的生活又有什么样的联系？接下来，我们就一起来看看吧。

探究地球肚子里的“墨水”奥秘

给地球“拍CT”的“医生”

科普小知识

CT是Computed Tomography的缩写，即电子计算机断层扫描。它是利用精确准直的X线束、γ射线、超声波等，与灵敏度极高的探测器一同围绕人体的某一部位做一个接一个的断面扫描，具有扫描时间快、图像清晰等特点，可用于多种疾病的检查。

“妈妈，这是你吗？”

一天，女儿举着一张照片，兴冲冲地来到我面前，好像发现了什么秘密。我一看，原来是我穿着白大褂，在单位机房的工作照片呀。

“是啊，怎么了？”

女儿很好奇:“妈妈，你是医生吗？为什么要穿白大褂呢？”

“对啊，妈妈的工作和医生差不多。”

“可你的工作不是找石油吗？怎么会和医生差不多呢？”

我摸了摸女儿的头:“有时，医生为了找出病因，会给病人拍CT，CT片

子能使医生拥有‘透视眼’，可以快速找到人体内生病的地方。而妈妈的工作呢，是给地球‘拍 CT’，目的是寻找和发现藏在地下的石油。”

女儿说：“原来，我妈妈是给地球‘拍 CT’的医生呀。”

亲爱的读者，现在，请你想象一下，你来到医院，医生对你说：“拍个 CT 看看吧。”

你照着医生的话，躺到 CT 机上。机器对着你全身照一遍，然后就会把它拍到的信息打印在纸上。

看过这些信息，医生就可以判断你的病情，考虑下一步怎么治疗了。

而我的工作是给地球“拍 CT”。

地球那么大，当然不可能对它进行全方位的检查。我们只能站在地面上，通过铺设到地下层的仪器设备，来激发和接收信号。这些数据会传输到电脑上，通过处理和分析，告诉我们地下哪里藏着石油。

知道石油在哪里，我们就可以确定“手术”位置,“开刀”将石油给挖出来。

你知道吗

沈括在《梦溪笔谈》中提到:“鄜延境内有石油，旧说‘高奴县出脂水’，即此也。”（释义：鄜州、延州境内有石油，旧时说“高奴县内出脂水”，指的就是石油。）书中还形容石油“后必大行于世，自予始为之。盖石油至多，生于地中无穷，不若松木有时而竭”。（释义：这东西以后一定会广泛流行在世上，我现在就开始用它了。因为石油很多，出产在地下并没有枯竭的时候，不像松木那样有用完的时候。）当然，现在我们知道石油也是不可再生能源，会有枯竭的一天。

石油知多少

在古代，石油有很多的别称：石漆、脂水、石液等等。

最早提出“石油”一词的是我国古代第一部文言纪实小说总集《太平广记》。而正式给石油命名的是我国北宋杰出的科学家沈括。

提到石油，你首先想到的会是什

么呢？

或许是一家人开车出门旅游前，首先会去的加油站。汽车行驶所需的燃料汽油，就是从石油中提炼出来的烃（tīng）类混合物制成的，是一种比较常见的石油制品。

石油被称为“工业的血液”，是一种非常黏稠的液体，它的主要成分是各种烷（wán）烃、环烷烃、芳香烃的混合物。大部分的石油都被制成了各种燃油，除了小汽车使用的汽油外，还有大型车辆、铁路机车、船舰等使用的柴油，还有用于照明的煤油等。

这些或许不是什么新鲜事，你大概都知道。但如果我说，衣食住行，我们生活的方方面面都已经被石油制品“包围”了，你相信吗？

我们不如来设想下面一个场景。

今天是星期天，你一觉睡到自然醒，舒服地伸着懒腰张开了眼睛。你首先看到的是什么呢？也许是天花板上的塑料灯罩。差不多该起床了，你拿起前天刚买的新衣服打算穿，随意看了一眼标签，只见面料那一栏上写着：聚酯纤维。来到卫生间，你要刷牙洗脸，便拿起了牙刷、牙膏和毛巾……

在这个过程当中，你看见或用到的东西，如灯罩、衣服、牙刷、牙膏、毛巾等，制作它们的核心原料，都要用到石油。甚至生产香水的化学品，大部分都是从石油中提炼出来的。

更让大家吃惊的，可能是石油和食物、药品的密切关系。嚼不烂的口香糖，香甜可口的蛋糕或糖果里的糖精，改善食物口感的调味剂，还有一些药品中的原材料，它们都来自石油。

勘探过程大揭秘

生活消费的方方面面都离不开石油，那么这些石油都是怎么找来的呢？整个石油勘探过程可是个大工程，是许许多多的石油工作者坚守在各自的岗位上，通力合作的结果。

接下来，就跟着我的脚步，一起来寻找石油吧。

首先，我们得明确，石油大致会出现在哪个地方。这个过程，我们称为地质调查，或者地质勘探。

中国的国土面积广阔，石油藏在地底下，我们也不可能一寸寸土地去搜索它底下的位置，那该怎么办呢？

这时，地质知识就可以派上用场啦。

我们会带上罗盘、锤子等简单工具，来到野外。或许，在你的眼中，这只是一片荒凉的空地，什么都没有。但是对我们来说，露出地面的那些不起眼的岩石、岩层就是很好的线索，可以告诉我们很多的答案：地下的构造是什么样子的，哪个地方是盆地，哪个地方可能会有油气……简单来说，通过研究特定地区的地质构造、岩层、构造特征等搜集到的数据资料，我们就可以查明油气生成和聚集的有利地带和分布规律，从而顺利找到油气田的大致位置。

这个步骤非常重要，因为它大大缩小了接下来要开展工作的范围，帮助我们节约成本。

为什么通过观察地面就能了解地下的状况呢？

答案就在岩层——这部地球几十亿年演变发展留下的“石头大书”里。

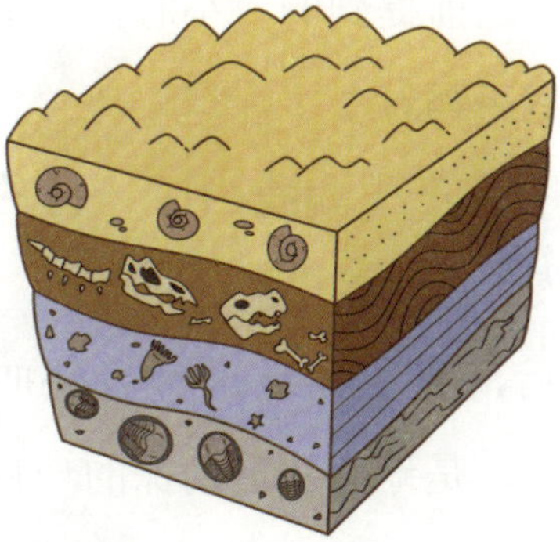

长得像五花肉的岩层

覆盖在原始地壳上的层层叠叠的岩层，在地质学上被称为地层。地层从最古老的地质年代开始，层层叠叠地到达地表。一开始，它的横切面长得很工整，或许有点像肥瘦相间的、长得很均匀的五花肉。

后来，地壳运动开始了。在地壳运动中，岩层受到挤压便会发生弯曲变形，岩土被拉扯就会发生断层。山岭、谷地都是由此而来。

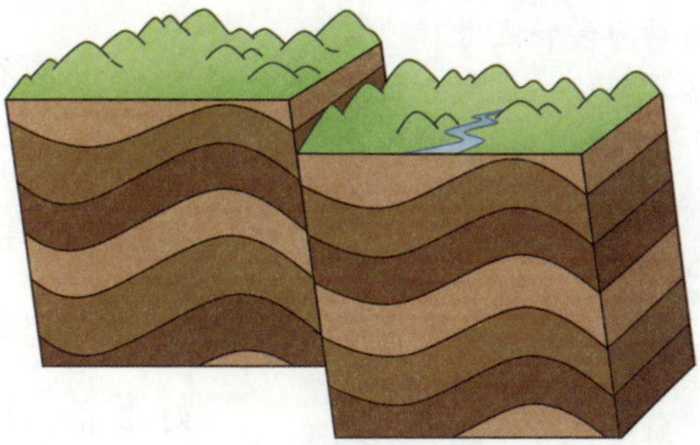

岩层弯曲变形，发生断层

此后，经过风吹日晒雨淋，表面的岩石在风、水、空气、温度、生物等各种因素的影响下发生风化，就露出了底下的岩层。

——这或许就是此刻我们所看见的岩层。

风化作用下，露出的岩层

因此，我们就可以通过地面的状况来判断地下的状况啦。

成功缩小范围后，我们接下来要做的就是地震勘探了。

还记得之前提到的我小时候在家门口听到的炮声吗？

你会不会产生和我当时一样的疑问：放炮为什么就能找到石油呢？

长大后，我才知道这种方法叫作“地震勘探”，是地球物理勘探的一种方法。放炮，是为了形成人工地震。

不要害怕哦，这种地震的强度并不大，你离得近了才会听到炮声。我们一般会选择在晚上进行，因为晚间的过往车辆少，环境噪声比较小。

在进行地震勘探之前，我们会先做好准备，了解地下的大致构造是什么样的，有没有石油，在哪个位置会有。

在选定好的地方，我们会设计一些点位，在地面安放接收装置——检波器。然后，挖洞埋下炸药，引爆炸药就会引发地震，地震会形成地震波。检波器会把地震波的信息数据记录下来，发送给电脑。通过电脑软件的处理分析，我们就可以穿透地层，看到深处的地层结构和形状了。

科普小知识

地震勘探方法可以分为三大类：反射波法、折射波法和透射波法。

反射波法是利用地震反射波进行人工地震勘探的方法，是勘探大陆架油气的首要手段。测量结果能较准确地确定界面的深度和形态，圈定局部构造，判断地层岩性。运用波的动力学特点进行地震地层学研究，可从分析地震相入手，推测沉积环境，进而阐明油气藏的生储盖组合条件。

折射波法是在城市活断层勘探中使用的一种方法。对于面波干扰大、地震反射波法难以开展工作的区域，可尝试利用折射波法探测的原始记录，一般采用时间项、差异时距曲线和有限差分成像等方法进行综合计算、分析。

透射波法主要用于地震测井（地面与井之间的透射）、地面与地面之间凸起介质体的勘查和井与井之间地层介质体的勘查。

目前，地震勘探以反射波法为主。

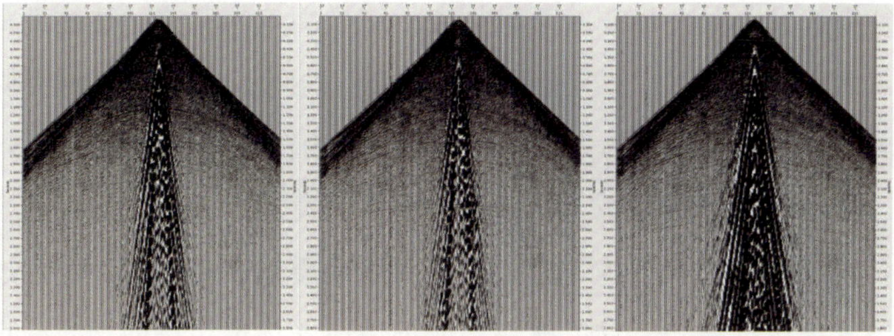

○ 深处地层结构和形状（三张图分别表示不同位置放炮得到的地震记录）

整个过程，我们都要严密地监控和指挥，以保证一次成功。因为一次完整的地震勘探，要耗费很多资金，出现任何差错，都是一种浪费。

致未来的我们

总在说过去，在结尾处，突然就想谈谈未来。转眼间，给地球“拍 CT”的这项工作，我已经做了近 20 年。我们团队一步一个脚印，不断突破着技术的瓶颈，不断发现着石油的新储量，也不断经历着新的变化。现代科技在不断地进步，在石油勘探上发挥的作用也越来越大。

我们都知道炸弹的危险性，以前放置检波器都要人去，这实际上会有一定的安全隐患，现在通过人工智能，比如无人机，就能很好地完成危险的工作了。

过去，我和同事们去野外寻址，还要到沙漠去。沙漠的工作条件非常艰苦。住宿就是挖个地窝子，晚上回去睡觉的时候，发现床铺上都是一层层的沙子。而在那里最大的问题是没有信号。在外头一待得好几个月，连想给家里打电话这样简单的愿望，往往都是奢求。而现在，人工智能完全可以替代人们去到那些特别艰苦的地方，这就可以节约人力、物力，将人力、物力用在更关键的地方。

在地震勘探等领域，科技也有很大的发展空间。未来可能会有某种可控震源替代放炮，比如说可以用地震车去拍打地面，通过这种方式产生地震波。这就解决了放炮造成的环境污染问题，减小了对周围环境的负面影响。

未来，肯定会有更多的科技发明应用到石油勘探当中来，会有更多的“你们”加入“我们”当中来。期待在我们的共同努力下，真正做到将“能源的饭碗”牢牢端在自己手里！

延伸阅读

石油是怎么形成的?

关于石油的成因，众说纷纭。科学家们的观点主要是两种：一种是生物死亡后转变成的，即有机生成学说；另一种认为石油、天然气来源于无机物的合成，即无机生成学说。

有机生成学说得到了更多人的认同，现在油气生成的研究方法和内容都是建立在这种观点的基础上的。它认为，石油是从古代有机物演变而来的。这里的有机物包括植物、动物，还有微生物残骸，所以石油也被认为是古生物的“遗迹”。石油的形成是一个非常漫长的过程，至少需要 200 万年的时间，多的甚至需要上亿年。

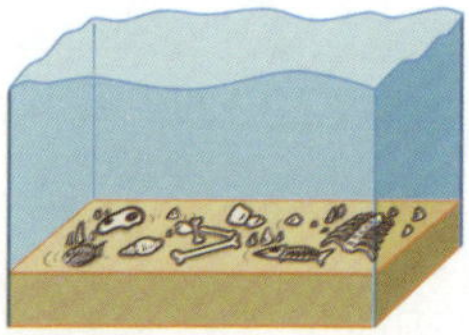

沉积

植物、动物和微生物死亡后会沉积在水中或陆地上，形成各种沉积物。

原来的沉积物被新的沉积物覆盖，渐渐被埋藏在深层地下。

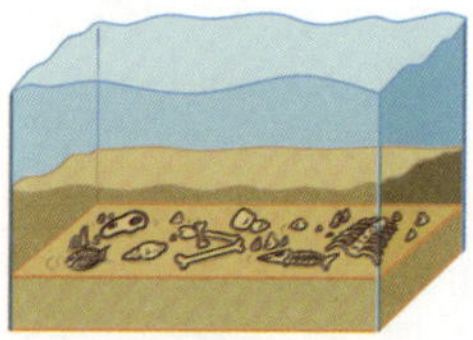

埋藏

改质

沉积物在地下深处受到极高的压力和温度影响，改变了化学和物理性质。

石油生成于沉积岩层中，通过孔隙和裂缝等通道向上运移，最终进入油藏。油藏是一种岩石层，其中的孔隙和裂缝被石油充满。

运移

三 永无止境的超越

希望广大科学家和科技工作者肩负起历史责任，坚持面向世界科技前沿、面向经济主战场、面向国家重大需求、面向人民生命健康，不断向科学技术广度和深度进军。

——习近平 2020 年 9 月 11 日在科学家座谈会上的讲话

有一群青年科学家，他们勇攀高峰，在科技新疆域的最前沿坚守奉献；他们敢为人先，打破国外技术垄断，填补国内空白。他们是徜徉物理世界的“探险家”吴晓君，是“人造超级大脑”的探索者李黄龙，是为患者再造笑脸的口腔医生吕珑薇，是算力网络的“赶路人”刘景磊……他们是勇敢奋进的科技工作者，是自立自强的“排头兵”！

科技立则民族立，科技强则国家强。只有孜孜不倦、矢志追求，我们的祖国才能不断走向繁荣昌盛。

吴晓君：

徜徉物理世界的“探险家”

为什么水会结冰？为什么太阳会发光？自然界的现象中，蕴藏着奇妙的物理知识。你知道电磁波吗？它像空气一样弥漫在我们身边。电磁波是一个大家族，其中有一匹黑马叫“太赫兹”，它本领高超，却怀才不遇、四处流浪，这是怎么回事？现在，就让青年科学家吴晓君老师，为大家揭晓答案吧！

科学家档案

吴晓君

- 北京航空航天大学教授、博士生导师。
- 从事太赫兹光源、器件及系统技术等研究。
- 德国洪堡学者、美国光学学会会士，主持国家级项目十余项，获评国际红外毫米波太赫兹学会首个女科学家奖、第一届超快科学全球女科学家奖、国际超快现象与太赫兹首届 X-C Zhang 奖。

人生格言

选我所爱，爱我所选。

认真对待你所得到的每一个结果，认真分析和思考你所看到的每一个现象，认真反省自己所走过的每一步。

我与物理的情缘

好奇心，是打开科学大门的金钥匙

小时候，我很喜欢玩躲猫猫。我时常藏在黑暗的地方，小伙伴们经过，总是发现不了我。在漫长的等待中，我不禁开始思考：外面有光，我可以看见他们，为什么他们看不见黑暗中的我？

夏日的夜晚，微风习习，我坐在竹椅上乘凉，望着满天繁星，陷入疑惑：天上为什么会有那么多的星星？它们是什么物质，为什么会发光？有没有像地球的星星？咦？有颗星星一闪一闪，好像在动哎，那里有外星人吗？

太阳为什么东升西落？月亮为什么阴晴圆缺？为什么有时候，在同一片天空，既能看到月亮，又能看到太阳？小小的我，有大大的疑惑，对万事万物充满了好奇。

你知道吗

外星人是指地球之外可能存在的具有高等智慧的生物。由于宇宙极其广阔，存在着无数恒星和行星，这些生命形式可能存在于宇宙的某一处。

你知道吗

《天问》（节选）

屈原

曰遂古之初，谁传道之？（请问那远古的初态，是谁传给后代？）

上下未形，何由考之？（天地还没有形成，是怎么考证出来的？）

冥昭瞢闇，谁能极之？（日与夜昏暗得尚未分明，谁能够了解穷尽？）

冯翼惟象，何以识之？（无形而运动的大气，要怎样才能辨认？）

明明闇闇，惟时何为？（日与夜终于分明，这又是怎样的过程？）

阴阳三合，何本何化？（阴阳两气彼此渗合变化，哪个是本原哪个是化生？）

圜则九重，孰营度之？（浑圆的天盖有九层，谁绕着天边来度量尺寸？）

惟兹何功，孰初作之？（这工程如此巨大，当初建造它的又是谁？）

斡维焉系，天极焉加？（斗柄和绳子如何缚系？天盖的脊梁怎样架起？）

八柱何当，东南何亏？（八根柱子又怎样支撑？东南的地势为什么偏低？）

九天之际，安放安属？（天地的九野之间，怎么样衔接相连？）

隅隈多有，谁知其数？（曲折的角落很多，其数量谁能计算？）

天何所沓？十二焉分？（天与地在哪里会合？十二时辰如何划分？）

日月安属？列星安陈？（日月悬挂在何处？星星又如何“铺陈”？）

《天问》是战国时期楚国诗人屈原创作的长诗。此诗从天地离分、阴阳变化、日月星辰等自然现象，一直问到神话传说乃至圣贤凶顽和治乱兴衰等历史故事，表现了诗人对某些传统观念的大胆怀疑，以及追求真理的探索精神。

上学后，我一头扎进学业中，凭借良好的记忆力，学习成绩一直名列前茅。我沉浸在用勤奋换来的优越感中，并不知道自己真正喜欢什么。高考填报志愿时，我的第一志愿是工商管理，第二志愿是会计，第三志愿是中文。班主任看到了，建议我把志愿改成：第一，光信息科学与技术；第二，计算机科学与技术；第三，生物技术。我听从老师的建议，考入了中山大学。

迷茫后的奋起

中山大学珠海校区是一个犹如世外桃源的地方。全亚洲最长的教学楼横跨两座山之间，图书馆犹如一本打开的书，装有明亮的落地窗。当我看书累了，只需轻轻抬头即可感受面朝大海、春暖花开的景象。

等军训完，我才发现上课的辛苦，每周 40 多节课把我压得喘不过气来。于是，我爱上了长跑，每天下午在操场上跑 10 圈成了疏解我心中郁闷和压抑的唯一途径。

四年大学生活，我依然凭借着良好的记忆力和勇于挑战的精神，在号称破解“天书”的四大力学考试中，门门考到 90 多分，被顺利保送到中山大学物理系攻读硕士学位。

科普小知识

四大力学是指理论力学、电动力学、量子力学、热力学与统计物理。

理论力学是研究物体机械运动基本规律的学科。

电动力学是研究电磁现象的动力学理论学科。

量子力学是研究物质世界微观粒子运动规律的物理学分支，主要研究原子、分子、凝聚态物质，以及原子核和基本粒子的结构、性质等。

热力学与统计物理是研究宏观物质系统的热现象以及伴随热现象而产生的其他物理、化学现象的学科。

我的硕士生活丰富多彩，除了看文献、做实验、发文章，其余时候都在打排球、乒乓球，游泳，跑步。夜深人静时，许多问题涌入我的脑海：我擅长什么？我喜欢什么？物理真的适合我吗？我的梦想到底是什么？心中的迷茫开始动摇我本来就不够坚定的学物理的心。

迷茫中，我跟随大流，与经济学、管理学专业的同学一同去竞争当时很热门的管理培训生实习岗位，开始管理渠道、处理销售数据，经过几轮面试，我拿到了这个在华南区唯一的职位！

可是，为了家庭，我毅然放弃了这来之不易的工作机会，硕士毕业后来到北京，结婚生子，去一家公司做了大半年的销售工作。

随着年岁的增长，看着孩子一天天长大，我开始思考，我到底喜欢什么样的生活。频繁的出差、单调的工作、复杂的人际关系，我都厌倦了。一个念头在我心中油然而生，我要回去念博士！

经过 3 个多月自习，我如愿考上中国科学院物理研究所的博士研究生。

发现物理之美

在物理所念博士期间，我听了很多报告，认识了很多老师和同学，意识到原来我距离真正的物理还是那般遥远。虽然我热爱动手，喜欢实验，可是，对物理的理解还停留在很浅的层面。想起了当年电动力学课老师的名言“背下去，死路一条”，这句话就像唐僧的紧箍咒，时时提醒着我。于是，我将每天 3 小时的地铁时光——那原来是用于阅读《当代》杂志的时间，改成了阅读《费曼物理学讲义》和观看国际知名大学各种物理学课程的视频。从此，我爱上了坐地铁。看着周围形形色色的人为生存而奔波，我将自己沉浸在书海里，心中已不复往日的焦躁不安。

看书累了，我会合上手中的书本，紧闭双眼，回想自己这些年走过的路，无限感慨。尤其是在看完美国麻省理工学院瓦尔特·列文教授的“经典力学”“电与磁”“振动与波”的视频之后，我被深深触动了：物理不是干巴巴的公式。

从出生开始，我们就学着去熟悉周围的世界，渐渐地，我们对蓝色的大海、红色的落日，对细碎的水珠、浩瀚的宇宙……都失去了好奇。其实，这些看着很简单、很熟悉的东西往往蕴含着很深很复杂的物理知识，那里有无数可以研究的课题。我开始用眼睛去搜索身边有趣的现象，开始去思考现象背后的为什么，并一发不可收拾。

我的人生因为来到物理所而彻底地改变了。深夜，车子在路上慢慢前行，我享受着忙碌一天之后的小小成就感，内心无比平静，仿佛全世界都安静下来。

走近科学家

理查德·费曼（1918—1988），美国物理学家，美国国家科学院院士，因在量子电动力学方面的成果，获得诺贝尔物理学奖。

《费曼物理学讲义》不仅详细介绍了物理学的基本概念、原理和公式，还通过大量的实例和实验，让读者更深入地理解物理学的本质和应用，是物理学领域的经典之作。

○“摆锤砸脸”实验（实验危险，请勿模仿）

科普小知识

瓦尔特·列文是麻省理工学院的一名物理学教授，他相信，物理教学最好的办法不是把知识藏起来，而是将知识充分、夸张地展示出来。列文经常在课堂上亲自上阵，甚至做出危险的“实验”，可谓是“用生命讲解物理”。

列文最有名的课堂演示，就是“摆锤砸脸”实验。他制作了一个铅球摆——铅球被细细的绳索悬挂起来。列文贴着墙壁站立，将铅球紧贴着下颌，然后松手释放，铅球划出了一道弧线，达到最高点后，向他袭来，回到非常接近他的地方，但由于机械能守恒，摆锤始终不会打到脸上。为了演示单摆的周期和重量无关，列文还进行了“人体单摆”实验、喷气式三轮车实验等，这些实验在网络上大受欢迎。

○“人体单摆”实验（实验危险，请勿模仿）

○喷气式三轮车实验（实验危险，请勿模仿）

从中国科学院物理所毕业后，我开始接触铌酸锂太赫兹强源，在不懈的努力下，创造了新的世界纪录，在国内外同行中引起了广泛的关注和强烈的反响。未来我将和我的团队沿着这个方向继续深耕，创造更好的成绩。

你知道什么是太赫兹吗？它有哪些作用？我是如何让怀才不遇的太赫兹发挥所长的？接下来，就去我的科学世界看看吧！

太赫兹：电磁波家族的“黑马”

本领高强的“大侦探”

海关查验区，来自境外的包裹堆积如山。一只海关工作犬在其中敏捷地跳跃穿行，这儿闻闻，那儿嗅嗅，寻找可疑的包裹。

“汪！汪！”忽然，工作犬对着传输带上的一个包裹吠叫起来，好像在对工作人员说：“发现目标！”

工作犬有什么大发现？

此时，安检仪的成像显示，这个包裹里藏有一包白色粉末。这粉末会是什么？是炸药、白糖还是毒品？

你是不是想说，打开看看不就知道了？可万一这些粉末是炸药，打开时被引爆了，后果不堪设想。

怎么办呢？

这时，工作人员请出了“大侦探”。“大侦探”有一双透视眼！对，就像孙悟空的“火眼金睛”一样，一眼就能识别“妖魔鬼怪”。

只见它的透视眼发出的电磁波穿透包裹，仔细分析粉末成分，很快便找到了真相。原来，白色粉末竟是毒品！

多亏了“大侦探”的透视眼！立大功了！

究竟是什么透视眼那么神奇？这个透视眼就是太赫兹。

科普小知识

太赫兹是一种电磁波，可以解决虚拟现实中的图像和数据传输问题，提高虚拟现实设备的性能。太赫兹具有以下优点：光子能量低、安全性好，可无损检测；覆盖多数物质的特征谱，又被称为“指纹谱”；穿透性好、雷达成像分辨率高；载波频率高、带宽大，通信容量大。

太赫兹是怎么办到的？

当太赫兹扫描包裹后，会得到一段有关里面物品特征的谱，这个谱就像身份证一样，通过数据库比对，就知道是什么物品啦！

你以为太赫兹只能帮助海关查验包裹吗？不，它的本领远不止于此。

想象一下，在战火纷飞的战场，战士的视线被遮蔽，无法辨别敌军的方向。这时太赫兹前来相助，轻而易举就能看清草丛中伪装的敌军、掩体后隐藏的武器和被遮掩的坦克、火炮等装备。

再想象一下，在未来，你要参加一场会议，但临时有事去不了，怎么办？别急，太赫兹也能帮忙。它可以把你的全息图像传输到会议室，你在这儿说话，会议室里的全息影像也跟着开口说话，就跟你亲自参加一样。

说太赫兹多才多艺，不过分吧？

太赫兹是电磁波家族的“黑马”，被称为改变未来世界的十大技术之一，它本领高强，却难以被生产和应用，真是怀才不遇呀！

不过，别担心，我可以请它“出山”。

什么，你问我是谁？

嘿嘿，我是生产太赫兹的科研人员。我的工作，就是生产尽可能多的太赫兹，让它发挥所长。

○ 我在分享科研成果

电磁波家族的“流浪儿”

太赫兹为什么难以被生产和应用呢？

这要从电磁波家族说起，太赫兹正是其中的一员。

什么是电磁波？

电磁波是一种看不见、摸不着，但可以传递各种信息的特殊物质。它是由变化的电流产生的，就像木杆击打水面，会形成水波；敲击大鼓，鼓面振动会产生声波一样。

电磁波就像空气，弥漫在我们身边。早上，你睁开眼，看到了光，光是电磁波；你把一杯牛奶放到微波炉里加热，微波也是电磁波；你跟着爸爸妈妈坐车，打开广播听故事，收音机能接收不同波段的信号也是靠的电磁波；生病去医院，医生给我们拍 CT，X 射线等透过我们的身体，找到身体哪里有问题，靠的还是电磁波。甚至我们人体，也都带有电磁波。

电磁波是个庞大的家族，通过电磁波谱我们可以看到这个庞大家族的成员们。

电磁波谱上有很多不同的频段，科学家根据每个成员身体的长短（即波长）为它们命名，分别是无线电波（超长波、长波、中波、短波等）、远红外光、可见光、紫外线、X 射线等。

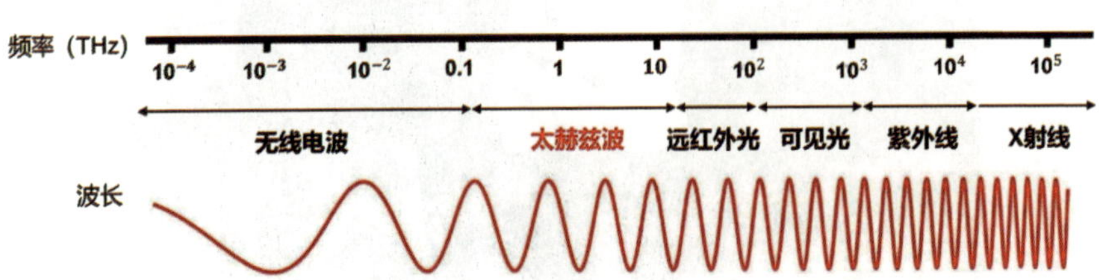

电磁波谱

无线电波的个子很高，住在“大人国”。其中，个子最高的是超长波，它的身高在一万米到十万米之间。

红外线住在“小人国”，不过，它的个子是小人国里最高的。个子最矮的是 γ 射线，它的身高只有一亿分之一厘米。

科学家可以用传统电子学创造出电磁波的“大人国”，用光学技术创造出电磁波的“小人国”。

可是，太赫兹的个子比较尴尬，它比无线电波矮点儿，比红外线高点儿，两头不靠，就被“大人国”和“小人国”同时放逐。

就这样，太赫兹成了电磁波家族的“流浪儿”，漂泊在外。

科普小知识

在传统电子学理论中，当大小和方向都随时间作周期性变化的电流通过导体时，导体周围会形成交替变化的电磁场，产生电磁波。通过控制电流的方向和速度，可以控制电磁波的频率，频率越高，波长越短。

科学家也可以通过特定的设备和材料，利用光的特性来产生特定波长和频率的电磁波。这个过程就像弹奏乐器，光学设备就像乐器，而光就是演奏者的手指，通过调整光学设备的参数和材料，就可以像改变乐器的音调一样，产生出不同波长和频率的电磁波。

太赫兹世界新纪录的诞生

走近科学家

托马斯·爱迪生（1847—1931）是世界著名的发明家、物理学家、企业家，被誉为“发明大王”。他拥有上千项发明，比如电灯泡、留声机、自动收报机等。

科学家难以创造出太赫兹，它是至今还未被人类完全开发和利用的电磁波频段。

你是否好奇，太赫兹到底是如何被生产的？

这个问题我有发言权，因为我是生产太赫兹的科研人员。

生产太赫兹的过程，有点儿像发明电灯泡的过程。

在爱迪生发明电灯泡之前，古人用植物油脂、石蜡、煤油作为燃料。工业时代，电被广泛应用，电灯应运而生。

科普小知识

激光被称为“最快的刀”“最准的尺”“最亮的光”。激光的原理由物理学家爱因斯坦发现。原子中的电子吸收能量后从低能级跃迁到高能级，再从高能级回落到低能级的时候，所释放的能量以光子的形式放出。被激发出来的光子束就是激光。其中的光子光学特性高度一致，因此相比普通光源，激光的单色性、方向性更好，亮度更高。

灯发光需要燃料，太赫兹的生产也需要原料，这个原料就是激光。

我用实验室里面能够找到的各种激光器，研究了激光对太赫兹产生效率的影响。

爱迪生发明电灯泡时，为了找到一种合适的灯丝材料，先后试了1600多种材料，最后才选定用竹子烧成的碳丝做灯丝。灯丝作为媒介可以将电能转化为光能。

生产太赫兹的最佳媒介之一就是铌酸锂晶体，它能将激光转化成电磁波。

可是，电磁波谱很长，电磁波家族很庞大，一不小心就进入“小人国”或“大人国”了，为了“抓住”漂泊的太赫兹，就得不停地优化和调试。

哦！好不容易找到太赫兹了，可是，这太赫兹看起来“营养不良”啊，就像灯泡发出的微弱光芒，肉眼很难看见。

如果加大电的输入，灯泡会不会更亮呢？

于是，我提高了激光器能量。

就像灯丝受到损耗一般，铌酸锂晶体的其他效应也被激发了出来，太赫兹的能量更弱了。

哎，真是难办啊！

我小心翼翼，拼尽全力，争取把每一项都做到最好。

功夫不负有心人。

在 2019 年 9 月 10 日半夜，我们团队终于获得了世界上第一个毫焦耳级的铌酸锂太赫兹强源，将国际上保持了多年的 0.4 毫焦耳纪录提升到了 1.4 毫焦

科普小知识

铌酸锂晶体是一种具有特殊性质的材料，可以被用来制造电磁波。铌酸锂晶体就像是一个能够转化和控制激光的魔法石。当激光进入铌酸锂晶体时，晶体会对激光产生一些特殊的作用，使得激光的性质发生改变，从而产生出科学家需要的电磁波。

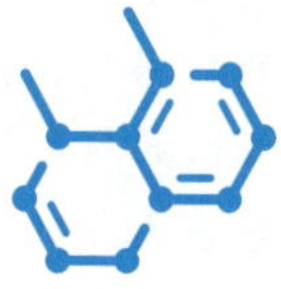

耳，成为铌酸锂太赫兹强源的世界新纪录。

太赫兹不再微弱，就像灯泡发出了明亮的光芒。

人类社会在不断发展和进步。

比如，爱迪生发明电灯泡后，电灯就在不断地更新换代，从白炽灯、日光灯，到琳琅满目的装饰灯、节能灯。

我决定迎接更大的挑战，去征服更高的山峰，我的目标是让太赫兹的输出达到100毫焦耳！

可是，前方是一片未曾开拓的艰难道路，当我按照原来的方法，行到三分之一的时候，却发现无路可走了。

整整一个半月，只能在原地徘徊。

哪里出了问题？

这就是我的极限了吗？

这就是铌酸锂太赫兹强源的“天花板”了吗？

我不断地扪心自问，反复思考实验的过程、遇到的问题，不论是在跑步、吃饭还是睡觉时，真是日思夜想、废寝忘食。

有时候，灵感会突然从脑海里蹦

什么是毫焦耳呀？

焦耳、毫焦耳、微焦耳都是能量和做功的单位，1焦耳＝1000毫焦耳＝100万微焦耳。微焦耳就像灯泡发出微弱的光，你看不见；到毫焦耳级就像看见灯泡发光了。

名人名言

科学的灵感，决不是坐待可以等来的。如果说，科学上的发现有什么偶然的机遇的话，那么这种“偶然的机遇”只能给那些学有素养的人，给那些善于独立思考的人，给那些具有锲而不舍的精神的人，而不会给懒汉。

——华罗庚

出来。

我终于发现了原因：激光器的能量没有打到晶体上；打到晶体上面的能量，没有高效率的产生；产生之后的太赫兹没有被完全收集。

真是梦里寻他千百度，蓦然回首，他就在灯火阑珊处。

发现问题，往往比解决问题更难。只要发现问题，就可以针对问题想解决的方法。

我十分高兴，整装待发，又重新踏上了征途。

我从 2013 年开始研究太赫兹，至今已有 10 个年头。你也许要问：成为科学家，有什么诀窍呢？我的答案是：首先，要保持好奇心；其次，要有勇气去挑战困难。

科学大门打开以后，你可以看到无限神奇而又美妙的世界，也会有许多不可知的困难来挑战你的极限，直面困难并战胜它，不论成功与否，都是宝贵的经历与体验。

延伸阅读

电磁波家族的成员有哪些本领？

电磁波是一个大家族，虽然每个成员的身高（波长）有高有矮，但是它们跑的速度都是一样的。在真空里，电磁波每秒钟可以跑大约 30 万千米，相当于绕地球赤道七圈半的路程！

电磁波家族的成员，每个都有自己的特性，个个身怀绝技。如今，它们在广播、电视、无线电话、卫星通信等诸多领域大展拳脚。接下来，我们来认识其中的几名成员吧！

微波

微波是指波长从 1 毫米到 1 米（不含 1 米）的电磁波。我们日常生活中比较常见的是微波炉。微波可以穿透食物，因为电磁场会随着微波传播而变化，食物内部的水分子也由此快速振动。物质的温度正是由构成它的微小颗粒的振动速度决定的，所以微波炉中的食物就这样被加热了。

红外线

红外线介于微波与可见光之间，是一种看不见的电磁波。任何物体包括我们的人体，都有一定的温度，都能发射红外线，这叫“红外辐射”。当病人身体里有肿瘤或者骨折、发炎时，这些地方的温度比周围要高一些，用红外照相的方法，可以辅助医生诊断病情。人们利用红外线的特点，还制造了各种仪器，这些仪器能在夜里瞄准敌人的坦克，在大海里寻找鱼群等。

X 射线

在电磁波家族中，X 射线的穿透能力名列第一，它不仅能穿透木板、橡皮、薄铝板，还能穿透人体。人体组织有密度和厚度的差异，在 X 射线检查中，当 X 射线透过人体时，不同组织对 X 射线的吸收程度不同，可以得到人体内部的影像。

紫外线

太阳光含有大量的紫外线，它们大部分被大气层吸收了，只有少部分能到达地面。紫外线能杀菌，还能让身体合成骨骼生长所需要的维生素 D，但过量照射紫外线会伤害人的皮肤。紫外线可以用来检验鸡蛋、牛奶等食品的质量，它还能使荧光物质发出荧光，科学家可以利用紫外线的这一特性来研究细胞结构等。

李黄龙：
“人造超级大脑”探索者

脑科学，顾名思义，就是研究大脑的结构与功能的科学。信息学，是一门以计算机及其程序设计来分析问题、解决问题的学问。而今，国际科学研究的这两大热点相结合，形成了一个新的研究领域——类脑计算。大脑与计算机的碰撞，神经与电路的交织，究竟会形成什么样的火花呢？让我们跟着李黄龙老师，一起来探索类脑计算的秘密吧！

科学家档案

李黄龙

- 清华大学精密仪器系长聘副教授。
- 研究方向为半导体信息器件、神经形态工程、半导体信息材料、计算材料学等，先后提出基于碲半导体的突触阵列器件技术和人工神经元器件技术。

人生格言

兴趣是最好的老师。

一步步走上类脑计算的道路

探索未知的渴望

你的梦想是什么？在大多数人的小时候，想必多多少少都会有“长大后，我要成为一名科学家”的梦想吧。毕竟，探索未知领域，解开一个个关于世界的谜团，是一件很酷的事。

那么，你想当个什么样的科学家？想要研究的领域是什么？或许，没到真正的“长大后”，没有到真正开始从事这个行业，谁也无法预判。毕竟，人不是一开始就明确知道自己想做什么的。

在我小时候，科学技术远没有现在这么发达，手机、电脑、平板等电子产品也不像现在这样普遍。我的童年，更多的时候是在大自然中度过的。大自然的奇妙之处在于它包罗万象又瞬息万变，总能引发人无限的兴趣和疑问：山上的水是从哪来的？风是怎么形成的？同一棵树上的树叶颜色为什么不一样？不是说地球在转动吗，我们为什么感觉不到？……而当时，最让我感兴趣的，是大自然中各种各样的小动物。

在草地里捉一只昆虫，观察它大大的复眼、会钩住我手指皮肤的尖尖的口器和那轻薄的会变换颜色的翅膀；蹲在水桶前，看着爸爸拎回来的小鱼摇头摆尾地游泳，观察它们张口吞吃鱼食的样子……做这样的事，我可以一个人安安静静待上许久。平时，我也喜欢看关于动物的各种纪录片。通过电视节目，我可以认识很多现实生活中接触不到的动物朋友，它们有着各种不同的习性和特征，观察它们的同时我总会感叹物种多样性的奇妙。

回到开头的话题：我的梦想是什么？为什么会成为一名科学家？小时候的我或许没有那么明确的答案。现在想想，对科学的兴趣，对探索未知的渴望，其实小时候一直就埋藏在我的心里，或许正是它引领着我走上了科研这条道路吧。

兴趣是最好的老师

有时候，我们会听到这样的问题：如何才能培养一名科学家？我觉得这个问题很难，如果一定要回答，我只能说：兴趣是最好的老师。这话听起来或许有些老生常谈了。但是，真理很多时候真就是这么朴实无华的。

我们都说，科学兴趣要从娃娃抓起，现实中很多地方也是这样实践的。我的孩子今年在上小学一年级，他们学校已经开设有科学实验的课程了，我记得其中有一个主题是电子世界。

听到这儿你或许会说：电子？那不是涉及粒子、原子，是微观世界的内容吗？这会不会太难了或者很没意思？

实际上恰恰相反。他们的实验过程其实很简单，就是将锡箔纸折叠成导线，将灯泡和电池连接起来。通电之后，灯泡就可以亮了。小朋友们觉得这样还挺好玩的，就会很有兴趣去学。

做科研其实也是一样的道理。

普通人“知其然”就可以了，研究人员的工作却是为了“知其所以然”，最终也是为了让科研成果能够应用到生活中，改善人们的生活。开辟新道路从来都是一件艰难的事情，如果没有热爱的支撑，有时真的很难坚持下来。

走上类脑计算的道路

我本科上的是物理系，学的是物理。乍一听，好像和我小时候的兴趣爱好没什么关系。但从本质上来说，我觉得它们是相通的。物理是研究物质最一般的运动规律和物质基本结构的学科，作为自然科学的带头学科，是很多学科的核心和基础。

选择物理这门专业并不意味着就必须成为一名物理学家，实际上大家都知道，很少有人能够真正成为物理学家。我选择物理，就是因为它是一门比较通用的学科，大到宇宙的运动形式，小到基本粒子的运动规律，都是它的研究范围。它包含了很多的知识在里面，在不同的工作场景当中，它的专业内容都能够用得上。

○ 太阳系天体运行概念图

我现在所从事的是类脑计算领域的工作，研究的是半导体芯片。顾名思义，“类脑”就是“像人脑一样”，类脑计算这个领域很关键的问题就是如何让计算机像人脑那样去思考。这当中必然涉及对脑科学的研究，这和我读书时学的东西又是完全不一样的。

科普小知识

类脑计算是脑科学与信息科学融合的新兴研究领域，旨在借鉴动物脑的工作机制，利用新型技术手段来实现更智能与更高效的信息处理。

我之所以会走上这条路，是受清华大学类脑计算研究中心的施路平老师的影响。他是国内最早开始做类脑计算研究的研究人员之一，2014 年，他在清华大学创建了类脑计算研究中心，从基础理论、神经形态器件、类脑芯片、类脑软件、系统和应用等方面对类脑计算进行全面研究。

天机芯片就是中心研究人员呕心沥血 7 年的研究成果。参与研究的数十名师生，分别来自生物、电子、计算机、精密仪器、自动化、材料、微电子 7 个不同院系。很幸运，我也是其中之一。

我的主要工作，是从事下一代芯片技术的研究。我承担的任务，是从底层元器件上对芯片进行颠覆性再设计。在研究的过程中，从施老师那里，我开始对类脑计算有所了解，更逐渐萌发了兴趣。现在想想，我竟然会跨学科去做类脑研究，这是我以前从未料到过的。

人的一生，会被分为很多的阶段，每个阶段的我们都会有不同的想法，这是成长的必然。你之前选的什么专业，学的什么东西，和你后面从事的工作很多不是直接相关的，甚至会迁移到别的领域去。这都没有关系，人生就是在不断的尝试中进行的，选择的机会从来就不会只有一次，关键是你得清楚自己想要什么。坚定选择了，然后就坚持不懈走下去。

类脑计算究竟是什么？我们究竟在进行着什么样的研究工作？接下来，就请跟我一起来探索“人造超级大脑”的奥秘吧！

让计算机像人脑一样思考

天机芯片：让无人驾驶自行车拥有“大脑”

走进清华大学校园，你也许会看到这样神奇的一幕：

一辆山地自行车，悠然地在校园里“闲逛”。它会“转头”绕开路障，还会跟随前面跑步的人。

清华园里的无人驾驶自行车

你可能会说，这有什么神奇的，谁骑自行车不会做这些？

如果我说，这辆自行车上没有人呢？

别怕，这可不是什么超自然现象，秘密就藏在自行车上。

从表面上看，这是一辆普通的自行车。实际上，自行车的每个部件都暗藏玄机：驱动系统，可以让车轮转动；转向电机，可以让自行车左右转向；各类传感器，让自行车能够“听见”“看见”……最重要的是天机芯片，让自行车知道，什么时候该干什么。

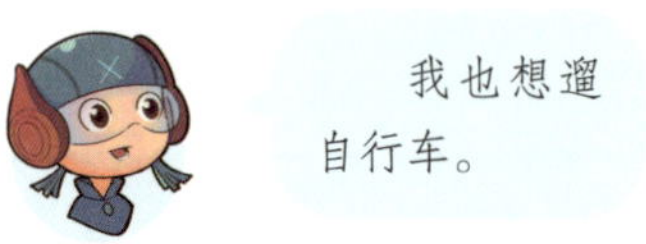

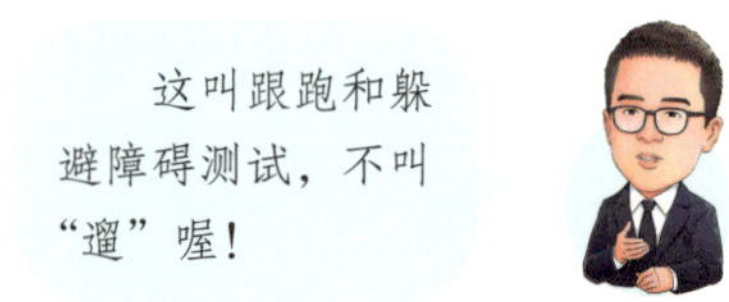

天机芯片是什么？

天机芯片，是这辆自行车的“大脑”。它通过模拟人脑信息的处理方式，自主决定自行车的行为，并向自行车发布指令：“前方出现障碍物，小心追尾，绕着走。”“前面的人拐弯了，跟上去。”当然，它也能听懂人类的语言，你跟它说“向左”“直行”“加速”，它都能流畅地完成。

天机芯片

谜底揭晓，原来是天机芯片在“驾驶”自行车。

其实，整个无人自行车系统的搭建，就是

为了检验天机芯片的处理能力。

天机芯片是一个类脑计算芯片，初代芯片边长不足 4 毫米，还没有你小指甲盖大，却有 156 个计算核，包括约 4 万个神经元和 1000 万个突触。

什么是神经元和突触？

神经元就是神经元细胞，是神经系统最基本的结构和功能单位。突触是神经元之间在功能上发生联系的部位，也是信息传递的关键部位。它们的工作就好像踢足球，每个神经元都是一个运动员，足球（信号）在运动员（神经元）的脚（突触）间传递。

解码芯片：沙子可以起大作用

芯片到底是什么呢？

这么说吧，小到耳机、手机、电视，大到汽车、火车、飞机，到处都有芯片的身影。

如果你拆过电子设备，就会在里面发现一块绿板子，上面安装着很多不同形状的小部件，其中就有芯片。它是由大量的晶体管构成的集成电路。

问题又来了，什么是晶体管呢？

晶体管是一种电子元件，一个小小的芯片当中，可以有上百亿个晶体管。它们就好像交通警察，相互配合，指挥着“交通”，保证命令的传递和电子设备各种功能的实现。

你一定觉得制造芯片的材料很神秘吧？

如果我告诉你，这种材料随处可见，你小时候可能还很喜欢玩，你会不会很惊讶？猜猜看，它会是什么？

答案是沙子。

怎么样，和你想的一样吗？

沙子是怎么和高科技扯上关系的呢？因为一种神奇的化学元素——硅。

晶体管是一种硅基器件，就是由硅材料制成的。可以制造它的沙子叫作硅砂，成分是二氧化硅。通过提纯处理，将二氧化硅里的氧元素“赶走”，就能得到纯净的硅，可以用来制造芯片啦。

硅基器件有一个缺点，那就是它的功能比较单一。我们要模拟一个神经元，往往需要几十个硅基器件。

现在规模最大的类脑芯片可能有100万个左右的神经元，但是人类的大脑却有近1000亿个的神经元，后者是前者的10万倍。如果让芯片拥有“人脑级”的神经元，它的能耗也将是人脑的10万倍。而人脑的能耗很低，消耗的能量，仅相当于一只20瓦的灯泡。

于是，我就想，能不能通过仿生的方式，研究一些新型器件来替代硅基器

我明白了，集成电路就是晶体管的“家”。

对，芯片则是由集成电路形成的最终产品。

科普小知识

硅的化学符号是Si，是元素周期表中的第14号元素。硅是极为常见的一种元素，但是很少以单质的形式出现，而经常是以硅酸盐或二氧化硅的形式存在于我们的地壳当中。在地壳中，它是第二丰富的元素，而排第一的是我们熟悉的氧元素。

瓦（全称瓦特，单位是W）是国际单位制的功率单位，定义是1焦耳/秒，即每秒转换、使用或耗散的能量（以焦耳为量度）的多少。**焦耳**是能量和做功的国际单位，1焦耳能量相当于1牛顿力的作用点在力的方向上移动1米距离所做的功。像教室里的灯管，一般以40瓦为基准。

件，从而达到降低能耗和减少硬件资源开销的目的。

仿生是通过研究生物体的结构与功能，开发具有类似生物特征的性能的产品，以方便人们的生产生活。举几个简单的例子：飞机的机翼模仿的是鸟类的翅膀，制成这样的形状是为了减少空气阻力；潜水艇借鉴鱼鳔的工作原理，才能在水中自由地上浮下潜；雨伞上的防水布料利用的是荷叶的防水原理……

“能不能让元器件像人脑神经细胞那样工作呢？”我提出了大胆的想法。

让芯片模拟人脑的记忆功能

计算机，俗称电脑。一直以来，人们都喜欢把它和人脑进行比较，它们之间也确实有很多相似之处。比如说，它们都是由大量的基本单元组成的，只不过人脑里的叫神经元，电脑上的叫晶体管。

电脑和人脑却有一个很大的区别，那就是静态和动态。

我们先来说说电脑的静态。

你会用电脑做什么呢？一般都是看电影、听歌、聊天、写东西吧。

那你知道吗？你看到的图像、视频，听到的歌曲、语音，还有键盘打出来的文字、符号，这些数据都是以静态二进制的形式，储存在电脑里的。

在电脑的内部，那些你瞧不见的地方，程序指令也是以静态二进制的形式进行编码的。还有数据传输，比如发送邮件、聊天发表情包，这里边所有的数据，也需要转化为静态二进制才能进行。

那什么是二进制呢？

生活中我们常用的是十进制，0 到 9 十个数字我们都不陌生。二进制也是一种计数的方法，它的“家族成员”只有两个数字，“0”和“1”。

这个“0”和“1”和十进制里的数字意义不同，你可以把它理解为“对”与“错”、“开”与“关”，通过这种逻辑运算，让电脑运转起来。

科普小知识

进制在我们的生活中有着很广泛的应用。**二进制**是计算机科学的基础，在计算机内部存储和数据处理中都起着至关重要的作用。**十进制**是我们最常用的，广泛应用于商业计算和数据分析之中。除此以外，还有很多别的进制。**八进制**在传媒领域有着重要作用，如图片的色彩编码、音频信号的数字编码等。**十六进制**在网络和通信技术等领域应用广泛，互联网的 IP 地址就是用十六进制表示的。

电脑使用二进制代码进行工作，静态的“0”和“1”让电脑变得精确，而动力学使人脑更智能、更高效。

那动力学又是如何使人脑更智能和高效的呢？

我举个简单的例子解释一下。

或许你还记得，很多年前的某个场景：一个夏天的午后，你躺在凉席上吹着风扇，爸爸下班回家，手里提着好大的一个西瓜。

可是，记忆回到今天的早晨，随手脱下的袜子丢在哪儿，你怎么也想不起来了。

有的事情让人终身难忘，有的事情上一秒才发生下一秒就忘了。这就是长期记忆和短期记忆，两种时间尺度不一样的动力学行为。

长期记忆相对稳定和持久，方便需要时快速提取经验。短期记忆主要起到临时存储和信息处理的作用，不需要时则会被大脑整理删除，减少多余信息的干扰，保证大脑的高效运作。

科普小知识

短期记忆 VS 长期记忆

短期记忆有时也被称为电话号码式记忆，为什么这样说呢？因为短期记忆对信息的储存时间较短，只有几秒到几小时，信息储存的容量也很有限。这种状况用打电话做比方就很形象。我们在得到一个新的号码时，当时可以背出来，但是在电话拨出去通完话之后，就已经完全不记得号码是什么了。

长期记忆能够保持几天到几年，它的存储时间长，容量没有限度。长期记忆的信息提取形式有回忆和再认两种。因为长期记忆以意码为主，短期记忆以声码为主，使短期记忆的内容产生意义，有助于它转变为长期记忆。通过不断地练习复习，也可以使短期记忆变成长期记忆。

要想使电脑模拟同时存在的两种人脑记忆功能，非常困难，更不要说动力学功能。

我反复研究了很久，尝试了很多不同的办法，且不要说解决问题了，连方向都没有找到。

我不是脑科学背景出身，这个问题需要一定的专业知识，我解决不了，只能向神经学科学家们寻求帮助。

他们的一句话点醒了我："人脑中这两个功能，来自不同的神经细胞机理，也发生在不同的神经细胞部位。"

原来，上亿年的生物进化，已经给出了朴素却高效的策略。

接下来，我要做的就是：让类脑计算半导体器件也像神经细胞那样，具备不同的物理机制，然后各司其职，形成合力。

“负面”机制的反向利用

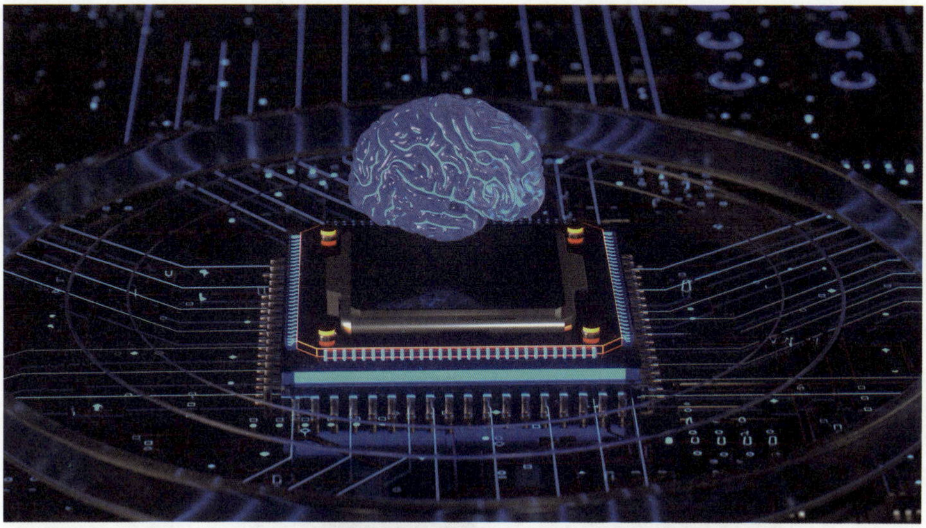

○ 能够模拟人脑工作原理或产生类似人脑智能的芯片被称为类脑芯片

要继续往下说我的研究故事，那就不得不提到晶体管器件中蕴含的两种物理机制：“场效应”机制和“忆阻”机制。

“场效应”机制让晶体管在“0”和“1”的状态间切换，这种状态你加电它才有，你不加电就会消失（掉电易失）。从节能的角度来说，不是很理想。

“忆阻”机制则会让“0”和“1”的状态混淆，你一加电，电子就会被吸引过去，然后就不回去了。哪怕断电后，这种不利影响依然能持久地存在。所以，我们在制造芯片时，一定要防止“忆阻”机制的显现。

通常认为，“场效应”的掉电易失性不够理想，而“忆阻”机制更是缺点多多。在制造传统计算机芯片时，我们会想方设法去排除

“忆阻”机制。但如果你突破学科的限制，把物理和生物学结合起来看，你会发现，这两种不够理想甚至有点“负面”的机制，在新的场景下，是完全可以让人刮目相看的。

发现这一点，我欣喜若狂。

在生物学原理的启发下，通过对这两种机制的反向利用，我提出了一种动力学神经形态晶体管技术。这种技术使得长、短期记忆动力学功能，可以在单个器件中集成地模拟，解决了领域内的一个关键技术难题。

○ 我在分享自己的研究成果

在我的成果发表 3 年后，国际商业机器公司（IBM）在《自然·纳米技术》期刊上，公布了它的新一代类脑计算半导体器件技术。

文章引用了我的成果，里面最关键的设计正是借鉴了我的这一方案。在文中，它评价道：“用晶体管的‘场效应’来模拟突触的短期记忆动力学，比传统方法更高效和可靠。”

展望未来

类脑计算的研究，正在学科交叉和突破创新中蓬勃发展，但真要构建“人造超级大脑”，肯定还会遇到很多的问题，肯定还有很长的路要走。但总的来说，还是未来可期。相信不久的将来，类脑智能产品，如智能家居、智慧机器人，会走进我们的家庭、我们的工厂、我们的写字楼，给我们的生活带来更多便利。

延伸阅读

类脑计算的应用探索

通过上面的简单介绍，大家应该对类脑研究有了一定的了解。类脑计算，简单来说，就是我们想给人工智能装上“人造超级大脑”，让它来模仿人脑的工作过程。随着现代科技的发展，类脑计算的应用越来越多，那么究竟都有哪些呢？

眼睛“打字”

对着电脑打字，时间久了是不是很累呢？你有没有这样幻想过：自己不用动手指，就眼睛盯着屏幕，脑袋里那么一想，文字就一个个地出现在屏幕上？现在，如此科幻的场景，已经可以通过科学家们研究出的类脑计算设备实现了。它可以通过稳态视觉刺激的方式采集到人的脑电波，准确地分析出人们具体想到的是哪个字块，从而“打出”文字。

无人驾驶汽车

前面我们已经认识了无人驾驶自行车，那有没有类人智能驾驶的汽车呢？这不是幻想。有科学家团队正在努力引入脑科学的研究成果，构建有直觉性的认知计算框架。也就是说，也许在不久的将来，汽车也能实现自主驾驶了。我们和朋友轻松地坐在车子里说话聊天，车子就能自动地把我们安全带到目的地。

超级英雄机器人

类脑计算最常见的应用领域当然是机器人了。会动会跑会说话的机器人我们都已经很熟悉了，那么类脑计算又可以带来什么新的变化呢？答案是一些新的感官能力，比如说听觉、视觉、嗅觉。或许在未来，类脑计算还能为机器人开辟一些超过人类的感知力，就如同科幻电影当中的那些超级英雄一样。让我们拭目以待吧。

吕珑薇：
为患者再造笑脸的口腔医生

有一类医生，他们可以让面部有缺陷的患者重新拥有一张完好的脸。是美容医生吗？不，是妙手回春的口腔医生。为什么口腔医生可以修复面部缺损呢？他们可不仅仅是牙医。让我们走进吕珑薇医生的故事，去看一看，她是怎么为面部受损的患者再造一张脸，让患者重焕笑颜的吧！

科学家档案

吕珑薇

- 北京大学口腔医院副教授、副主任医师、博士生导师。
- 教育部青年长江学者，入选中国科协“青年人才托举工程”。
- 临床特色为口腔美学修复、数字化修复及多学科联合诊疗，研究领域是口腔颌面部组织修复与再生。
- 获中华口腔医学会科技奖一等奖、第一届中国科技青年论坛最佳人气奖、国际牙科研究会中国分会“杰出青年学者奖”等多项医疗、教学、科研奖项。

人生格言

让别人觉得你是他生命中的一份礼物，你能带给他一份温暖或者一份快乐，这就是人生的价值。

我的医学之路

梦想萌芽在儿时

我一直记得2003年的春天，那是个像冬天一样寒冷的春天。当医生的妈妈变得特别忙碌，有时连着好几天都没回家。

那天，妈妈终于回来了，她拉着我的手说：“妈妈要出差一段时间，你听爸爸的话，平时多注意卫生。”

我很纳闷，妈妈为什么特别叮嘱我要注意卫生？

有一天，我在电视里看到了一则新闻，新闻上说有一种非典型肺炎正在蔓延，这是一种急性呼吸道传染病。我想到妈妈出差前的叮嘱，顿时坐不住了，问爸爸：“妈妈是去为这些病人治病了吗？”

爸爸没有再瞒着我，点头道：“对，你妈妈去隔离区了。”

从小，我就以妈妈为榜样，想成为一名和妈妈一样的医生。可爸爸话音刚落，我却忍不住害怕起来，如果妈妈被传染了，怎么办？

爸爸好像察觉到了我的心情，他拍拍我的肩膀，温和又有力量地对我说：“别怕，相信你的妈妈。”

我揉揉眼睛，把涌到眼眶的泪水揉走，重重点了点头。

小时候，看到妈妈在笔记本上写下孙思邈的“人命至重，有贵千金，一方济之，德逾于此”，我好奇地问妈妈是什么意思。妈妈一个字一个字念给我听，笑着解释：“人的生命很重要，比

走近科学家

孙思邈（581—682），唐代医学家，中医医德规范和“大医精诚”的制定人，被尊称为“药王”。他自幼多病，故立志学习医学知识。青年时期开始行医于乡里，提倡并践行以“大医精诚”的医德对待患者，不管贫富老幼、怨亲善友，都一视同仁；无论风雨寒暑、饥渴疲劳，都一心赴救，深为百姓崇敬。孙思邈在数十年的临床实践中，编著成《千金要方》和《千金翼方》，反映了唐初医学的发展水平。晚年还主持完成了世界上第一部国家药典，即唐代的《新修本草》。

千金还要贵重，开一副药治好病人，最高的品德也莫过于此。意思就是说啊，医生治病救人很重要，医生的品德更重要。”

儿时的我，似懂非懂；那个春天的我，依稀明白，妈妈正用行动践行着她崇高的信仰。

什么是医生呢？原来“医生”二字，不仅仅指救治病人，更指要有一份服务与奉献的精神。那一刻，我体会到了“健康所系、性命相托”的含义，领悟到了“除人类之病痛，助健康之完美”的崇高，更深切地感受到，医生是一个多么神圣而伟大的职业。

日升月落、晨昏交替，3 个月后的某一天，妈妈回家了。我紧紧抱住妈妈，心中的梦想更加坚定了：将来，我要做一名和妈妈一样，肯奉献、有担当、心怀暖阳、救死扶伤的医生。

医学与艺术的结合

2006 年的春天，对我来说，又是一个意义非凡的春天。

这一年是我读高中的最后一年，我即将面临高考。双手捧着报考志愿表的我，没有迷茫，很坚定地填下了“北京大学医学部”。但是，面对专业的选择，我陷入了思考，选什么专业呢？

医学是我心中的第一志愿，但假如不当医生，我还喜欢什么？

心里有个毫不犹豫的声音立刻冒了出来：艺术。

从小，我就爱涂涂画画，而且对木版画、木刻、泥塑等特别钟爱。我在想，有没有一种专业，可以结合医学和艺术呢？

妈妈笑着指了指“口腔医学”。

我纳闷，口腔医学不是牙医吗？和艺术有什么关系？

在听了妈妈的讲解和查阅书籍后，我知道了，口腔医学不只是含有牙医的专业知识，如补牙、镶牙，让牙齿变得健康、整齐，它还要关注整个口腔和周围的面部组织。

比如，一些“地包天”患者，下前牙长在了上前牙前面，成了脸平、下巴突的样子，这不仅是牙齿的一种畸形，也严重影响到了口腔、面部的生长发育。这时，就需要口腔医学来帮助改善这个面形。

所以，口腔医学既是医学也是艺术，它能够让口腔颌面部有缺陷的患者恢复口腔功能与面部美观，这不仅可以提高患者的生活质量，更可以让他们在疾病治愈后体验到“美”的愉悦和自信。

这不正是我想做的吗！

目标定下，我坚定地朝着这个目标努力。功夫不负有心人，半年后，我以优异的成绩考入了北京大学口腔医学本博连读八年制。

我的医学梦和艺术梦，一起实现了！

科普小知识

颌面是指人体颌部的骨骼和肌肉组织，包括上颌骨、下颌骨、颞下颌关节、牙齿以及周围的肌肉、韧带等结构。从医学角度来看，颌面部是指发髻以下、耳屏以前以及颈部以上的面部。主要包括唇部、口腔的腭部、额部、上颌部、下颌部以及颈部以上的下颌下腺等，但不包括眼睛和鼻子。

赠人玫瑰　手有余香

口腔医学看似简单，其实是一个非常复杂的学科，它涉及材料学、工程学等诸多领域。2011 年，我在导师周永胜教授的指导下，开始了我的科研之路。因为口腔医学本博连读八年制是临床型研究生的培养方案，所以我要在每周 5 天临床工作的基础上，再进行科研工作。

科普小知识

临床指直接接触病人，对病人进行实际的观察、治疗。临床科室是医院的主体，它直接担负着对病人的收治、诊断、治疗等任务。临床人员包括直接参与治疗、护理病人的医生、护士等。

当时，导师给我布置的课题，需要在材料制备后，才能进行实验。因此我来到北京工业大学，和材料学的老师进行合作。随着实验的进行，我需要的材料越来越多，可合作老师和同学们也都有自己的课题，很难再抽出时间来帮我进行大批量的制备。

怎么办？

不能让实验卡在第一关！我决定自己做。

那个时候，北京的地铁还不像现在这么方便，从北京大学医学部到北京工业大学要换 3 趟公交，往返需要四五个小时。于是，每个周末，只要没有门诊，我就5点多起来，赶第一趟班车到北工大去做材料。可是，做材料并不是一件容易的事情，作为一名学医的学生，没有材料制备的知识和基础，往往会力不从心，并不是人去了，时间花了，材料就能做出来。

当时我要做的材料是二氧化钛纳米管。第一次制备时，我费了九牛二虎之力，可做完一看，竟完全没有纳米管的形态，失落、难过顿时涌上心头。但我没有一直沉浸在这种情绪中，而是努力去寻找失败的原因，然后查阅大量的文献，请教合作老师，不断改正、优化。终于，花了两个多月的时间，我摸索出了能够稳定制备不同管径二氧化钛纳米管的方法。

根据课题研究的进度，每周，我的实验至少要消耗3批纳米管材料，而每一批材料的制备都需要6个多小时。所以，为了多做些材料，每个周末我都是午夜才回到学校。

一个周末的晚上，我正在做材料的收尾工作。“珑薇，你果然还在。”一个脆生生的声音突然响起。

科普小知识

二氧化钛纳米管是一种新型纳米材料，是由纳米级二氧化钛颗粒组成的管状结构。由于其独特的结构和性质，在医药、能源、环境、电子等领域具有广泛的应用前景。在医药领域，二氧化钛纳米管可以用于肿瘤治疗、药物输送等方面。虽然二氧化钛纳米管具有很多优势，但其应用也存在一些问题，如生产成本高、具有毒性等，需要进一步研究和改进制备方法，提高其性能，从而实现更广泛的应用。

管径指管道的直径，也就是管道内部空间的横截面直径。它是衡量管道尺寸大小的重要参数。

我抬头一看，是合作老师的两名学生。我还没开口说话，她们就开始帮我一起收拾。

我连连道谢。

“不用谢，你不仅帮我们打扫实验室，还为我们解答了不少口腔问题呢。”

“对呀，你真的太有毅力了！我看你都在实验等待的零散时间里看文献、整理数据，晚上还那么晚回去。我们从宿舍过来一趟不麻烦，以后每次实验最后一批材料的收尾步骤，我们来帮你，你就能提前一些回去了。”

她们笑呵呵地说着，好似一件随手的事，可在我听来，却是莫大的帮助，心中涌起无尽的感动和温暖。

在实验过程中，我只是为大家做了一些力所能及的小事，当看到自己的专业所学能帮到他们，我也非常高兴，并没有想到要回馈。而很多时候，“无心插柳柳成荫”，以真诚、慷慨、感恩、大度的态度对待他人，回馈会以你意想不到的样子，自然而然来到你的身边。

这便是赠人玫瑰、手有余香的幸福吧。实验是枯燥的，但过程却是暖意洋洋的，我不仅成功地完成了我的课题，也收获了真挚的、让人难忘的友谊。

坚守初心

“学医难不难？学医累不累？”

这是学医人最常被问到的问题。我想说，学医当然难，学医当然累，但是，有哪个专业是很轻松的吗？有哪个职业是很容易的吗？那些看起来的“轻松”“容易”，实际上大都只是表象。世上也许没有绝对的公平，但大多数人都不能不劳而获，在那些光鲜亮丽的光环之下，一定有许多我们看不到的、数不清的泪水与心酸、坎坷与挫折。

小时候，我憧憬着成为白衣天使中的一员；现在，我已经成为一名真正的口腔医生。我专注当下、勤勉努力，每当成功治愈好一位患者，看到他们绽放出美丽的笑容，我都会轻轻地对自己说：感谢你的选择，感谢你的坚持！

这时，你也许很好奇，我是如何治愈患者的呢？跟着我，让我带你看一看口腔医生是怎么和科学技术珠联璧合，让患者重绽笑颜的。

带你走进我的科研闯关之旅

一个女儿的殷切请求

“大夫，请您帮帮我爸爸吧！”

一天，我在接诊时，王爷爷的女儿颤抖着声音对我说。

68 岁的王爷爷是我的患者。他曾经是个开朗、爱笑的人，退休后，还参加了老年文艺团，歌声特别铿锵嘹亮。可是，一次面部肿瘤手术，彻底改变了他的生活。

手术导致王爷爷的面部组织受到了很大缺损，王爷爷不仅说不了话，吃喝时更是痛苦。他每喝一口水，都会呛到鼻腔里；吃饭只能一点一点喝流食，再也吃不了固态食物。更别提唱歌了，那早已是遥不可及的奢望。

身为口腔医生，我面临一个无形的“敌人”——面部组织缺损。它非常棘手，对我来说，打败它难度非常高。为了能让王爷爷重绽笑颜，我下定决心，不论有多少关卡和挑战，一定要战胜它！

第一关：为面部缺损做数字建模

王爷爷的情况，比普通面部小毛病危险多了。

我本打算做一个面部假体，把他的面部缺损补起来，可是，这个面部缺损，在王爷爷的口腔里，呈现出了一种口鼻腔穿通的状态。

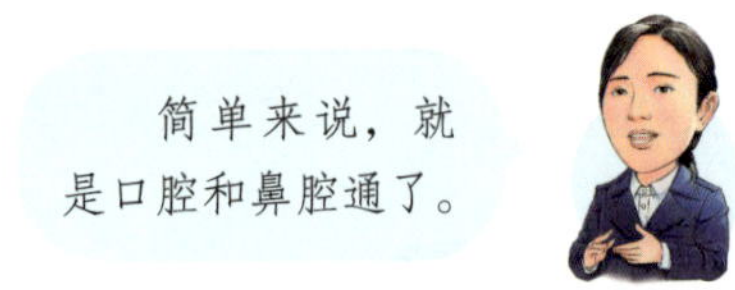

你是否觉得不好理解？

来，让我们做一个动作。把舌头往上顶一顶，顶到了吗？是不是碰到了一个前面硬后面软的地方？这是口腔上颚。口腔和鼻腔，就是由它分隔开的。

我们再来做个动作，吞口水，是不是感觉口水是从嗓子里咽下去的？如果上颚这块地方有缺损，口水就很容易咽到呼吸道里去。这条道是空气进出的通道，如果有别的东西进去，那麻烦就大了。

糟糕的是，王爷爷正是这块地方缺损严重，造成了口腔和鼻腔的连通。这就像，鼻腔和口腔之间出现了一个“洞”。

对于面部缺损的情况，我们一般采取的治疗方式是做面部假体，就是用一种印模材料，在缺损的位置凝固出模具。

可通过仔细地检查和分析，我们发现，在口鼻腔穿通的情况下，流体状的印模材料很容易流到鼻腔里。只要有一点流进去，就会被呼吸道误吸，从而使病人出现窒息的情形，危及生命安全！

我果断放弃了这种方法。

那有没有一种既安全又清晰的方法，能把这个模具做出来呢？

我和团队经过思考、讨论，决定尝试用数字化的方法。

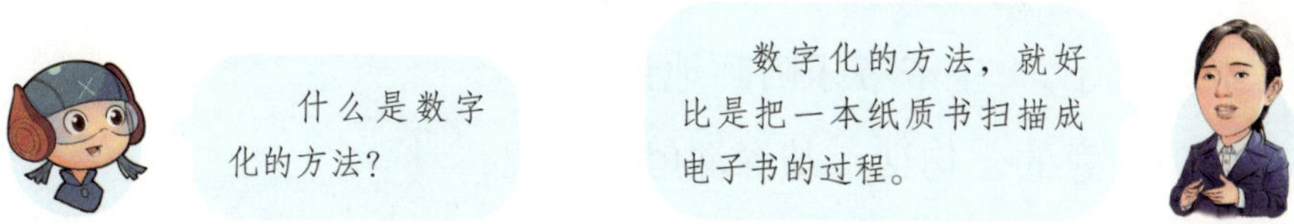

你看，我们通过扫描仪，把纸质书上的文字和图片扫描下来，保存在计算机中。这样一来，我们可以用电脑或其他设备来阅读这本书，而不需要用它的纸质版本。

同样的道理，是不是也可以把王爷爷面部缺损的样子，转化成数字形式，用数字建模的方式，替代传统印模？

经过尝试，这个方法是可以的！

我们用数字化的方法，一步步精确设计、制作，成功搭建出了缺损部位的数字模型。当模型完成后，我们选择了修复材料——橡胶和树脂，为王爷爷做出了面部假体和假牙。

“大夫，真的太感谢了！是你们让我重获新生！”王爷爷戴上修复体的那一刻，眼含热泪，激动地拉住了我的手。

我也很激动，没有什么比患者喜悦的面容，更让我开心的了。

第二关：制订缺损恢复方案

“王爷爷，这几天感觉怎么样？”

“蛮好的，就是如果这个假体能摘下来，能把缺损部分真正恢复起来就更好了。”王爷爷乐呵呵地说着。

看似随意的一句话，却深深触动了我。

我知道，这是他心底最真切的愿望。

让每一个患者真正获得再生修复，让他们真正展开舒心的笑颜，一直都是我的追求。所以，我决心向第二关发起挑战！

如果说，运用面部假体和假牙是一种“掩饰”造就的美好，那这回，我要把“敌人”的威胁真正灭掉！

我和颌面外科专家经过多番讨论，最终制订了两个“作战”方案。方案一是从患者的身体里取出骨头，移植到缺损的部位，但这会造成取骨区出现损伤、疼痛和并发症；方案二是运用 3D 打印技术，制作钛网占位物。

3D 打印技术是什么呢？

就是用专门的 3D 打印机，把材料如橡胶、树脂等通过挤出、加热、激光照射等方式，根据模型一层层堆积打印出来，使材料最终形成一个物体的技术。

为什么要用 3D 打印技术呢？

因为这比传统手工制作要更精确、快速，质量也更加稳定、可靠。

那钛网占位物又是什么？

这是一种由钛合金制成的网状物，可以填塞受损骨头的空隙。但钛合金不能降解，所以只是占位，并不是真正的组织再生。

第三关：寻找兼具组织再生与形状记忆功能的材料

依靠这两个“作战”方案，王爷爷的面部缺损能真正恢复起来吗？

可以，但不完美。因为不论用哪个方案，都需要修整缺损部位的外形，也就是要去除一些健康组织，才能植入骨头或钛网。而且，缺损部位的边缘不规则，很难完全贴合植入物，也会极大影响愈合的效果。

也就是说，我不仅要把“洞”补上，还要补得严丝合缝才行。光凭手艺“过硬”可不行，还得材料“过硬”。

那有这样的材料吗？还真有！那就是形状记忆材料。

这是一种什么材料呢？

你玩过海绵吗？你看，当你捏它时，它会变小；当你松开手，它就会恢复原来的形状。对形状记忆材料，你可以这样设想：植入前，它是缩小的；植入后，根据设定的人体温度，它会恢复形状，回到和原来设计的、与缺损边缘贴合的形态。

这是在 3D 打印的基础上，增加了时间响应的 4D 打印材料。

这样，不仅不需要去除健康组织，又能在植入后与剩余组织紧密贴合了！

目标清晰以后，真正的难关才终于显现：已有的形状记忆材料，大部分应用于工业领域，形变条件大多是高温、紫外光照等，并不适合在人体内应用。

什么样的形状记忆材料适合人体呢？

它必须满足以下条件：形状恢复条件接近人体体温，降解后产物要无毒，并且还要适合骨头再生。

要求很严苛啊。

要闯这一关，只靠我们医生的力量已经不够了，我们需要“战友”！要从哪里去寻找“战友”呢？

这就要看哪些学者研究的领域，能和我们的需求匹配了。

可是，中国学者那么多，我们要怎么锁定我们的目标呢？我们的方法很朴实——一篇一篇去阅读他们的文献，去看他们研究的领域。

可想而知，这是一项多么庞大的工程。

那天，当一篇篇文献从我眼前翻过，我不禁想起读书时的一件事。

那时，我正在读研究生，为了找到课题实验中的失败原因和解决对策，需要进行大量的文献查阅。我本以为，查东西是一件很简单的事，可结果出乎我的意料：经常是我查了半天文献，最后一看，竟全都不太相关。

当时我感觉很郁闷，不禁想，怎么会这样？我连查东西都不会吗？

那一刻，我才意识到：文献怎么检索？关键词怎么选？这些看似简单的东西都非常关键。

我决心寻求帮助。我先把找出来的文献整理成一个列表，再从中剔除一些不相关的。剩下的文献，我就去找导师、师兄、师姐寻求帮助，请他们指导我进行筛选。最后，我对他们指出的重点文献进行精读。

渐渐地，我检索到的文献越来越准确，阅读文献的速度也越来越快了。

凭借多年来积累的查阅文献的经验，我用了半年多时间，终于从上千篇文献中，检索出几十位学者，寻找到了我的“潜在战友”！

接下来，就要一个一个去联系了。

第四关：协同攻关

联系的过程就像大海捞针一样，我一个一个找，一个一个聊，失败了，就继续。

终于，功夫不负有心人，我找到了可以合作的化学家、材料学家。

在大家的通力合作下，经过反复的探索和尝试，我们研发出了符合需求的材料：它能够在 37 摄氏度的体温下，恢复形变，并且能很好地实现复杂骨头缺损部位的再生修复！

这样的结果让我们十分振奋，因为这可以让成千上万的，包括身体其他部位有骨头缺损的患者，获得真正的组织再生！

现在，我们可以发起“反攻”了！

最终，我们成功战胜了那个无形的“敌人”！

有人说，我们就像一座桥，一座连接科学家和患者的桥梁。是啊，科研和临床是相互促进、相辅相成的。医生有大量的临床积累，可以发现临床问题，而基于临床问题进行的科研，是真正能够回应患者的诉求和突破临床瓶颈的可行途径。所以，科研源于临床，又服务于临床，科研成果应用到患者身上，可以最终让生命得以改变。

医生，虽然不是传统意义上的科学家，但我们同样参与到了整个科研过程中。是科研，让我拥有了不断攀登高峰的勇气和毅力；是科研，让我不断感受到乐观、勤勉、包容和感恩带来的喜悦和幸福；是科研，让我作为医生，能够有机会更好地服务广大患者。

科研就像一场马拉松，我想，踏踏实实、严谨认真，一步一个脚印地跑下去，让别人觉得与你的相遇是他生命中的一份幸运，你能带给他一份温暖或者一份快乐，这就是人生的价值，也是我作为医生的意义。

延伸阅读

生活中的形状记忆材料

形状记忆材料虽然听起来有些高深，但其实在我们的日常生活中有很多应用。可以说，这种材料已经深入我们生活的方方面面。

形状记忆合金

被用于家庭生活中，如防止洗涤槽、浴盆和浴室的热水意外烫伤人的阀门。当水龙头流出的水温达到可能烫伤人的温度时，形状记忆合金就会驱动阀门关闭。直到水温降到安全温度，阀门才重新打开。

形状记忆塑料

这是一种具有形状记忆功能的热敏高分子材料，它在一定的温度下可以发生形状的变化，并且可以在较低的温度下保持这种形状。当温度升高时，它可以恢复到原来的形状。这种材料可以用于制作各种产品，如餐具、梳子、笔等。

形状记忆陶瓷

具有形状记忆功能的陶瓷材料，这种材料可以用于制作餐具、茶具等产品。

形状记忆玻璃

可以用于制造眼镜片、钟表表面等，也可以用于制造医疗设备，如手术器械、医疗床等。

形状记忆材料的特性使其可以在各种场合大显身手。下次当你拿起一个用形状记忆材料制作的物品时，一定会情不自禁地感叹，这个看似普通的物品，蕴含着多么神奇的科学知识啊！

刘景磊：

算力网络的“赶路人”

如今，随着科技的进步，计算机在我们的生活中发挥着越来越重要的作用。在这背后，有一股不断壮大的“神秘力量”，使计算机处理各种信息的能力变得越来越强大。那么，这股神秘力量究竟是什么呢？接下来，就让我们跟随刘景磊老师的脚步，一起来寻找答案吧。

科学家档案

刘景磊

- 高级工程师，中国移动研究院网络与 IT 技术研究所副所长兼计算技术研究中心主任。
- 深耕算力网络技术创新，制定总体技术设计方案，为行业提供重要参考。
- 加速算力网络核心科技突破与自主可控过程，推动产业形成融合发展生态。

人生格言

知行合一，在实践中去理解。

我与计算机

兴趣的启蒙

“叮铃铃……”突然，记忆中回荡起一阵熟悉的上课铃声。

那是一堂 20 世纪 90 年代初的电脑课，那会儿，我们学校也管它叫计算机教学特色课。

瞧，在教室门口，一群只有十三四岁的学生正身着工装、脚穿鞋套，一个个排着队有序入场，看起来神秘兮兮的。此刻，我也在人群中小心排着队，仔细检查自己是否已经穿戴整齐，是否具备这堂课的“入场资格”。那时，我刚上中学没多久，对这种场面的认识还处在一个懵懵懂懂的状态。不过隐约能明白的是，那时的电脑非常珍贵，我们这样做，可以减少带入室内的灰尘，让电脑拥有更长的使用周期。

不过，关于电脑，让我先入迷的不是它本身焕发出的神奇魅力，而是一些关于计算机的基础知识。还记得在我人生的第一堂计算机课上，老师给我们讲了一个关于古人结绳记事的故事。

“很久以前，文字还没有出现的时候，我们的祖先为了记事方便，会采取系绳子的方式。大事就系个大结，小事就系小结，事情多了系的结也会多，为了更容易区分，有时结的颜色、材质也会不一样。”

听到这里，我便想，用这种方法来记事，也太麻烦了。于是，老师又告诉我们：“后来，人们发明的算盘可比结绳方便多了，它在计算加法时，有一个口诀，叫逢五进一……”

接着，老师又循序渐进地给我们讲到了和进制有关的概念，“我们现代计算机是二进制，逢二进一。不懂没关系，后续实操时我会具体讲解”。

就这样，在老师的引领下，我稍微理解了一些相对不容易懂的计算机基础知识点，比如什么是硬件，它不光指的是桌上的显示器、键盘和鼠标，还有机箱里的CPU、电源等。同时，我也理解了，原来现代计算机是人们在为了记事、计算方便的基础上，一步步研究出来的。

“我给你们每人发一张软盘，等会儿教你们怎么用它存文件。”一次计算机课上，老师准备给我们上一节关于文件存储的课。

现在，大家存文件用的基本是U盘、硬盘，但那时候，我们用的是软盘，它的外观是方形的，比U盘大很多，但能存的东西却很少，只能放得下几张精度不高的照片。每次上课，我都很认真地学习老师的每一步操作细节，生怕自己错过这来之不易的学习机会。后来，我们还学了 Pascal 语言，在我们那个年代，Pascal 语言还是非常好用的，但是现在来看，它早就过时了。

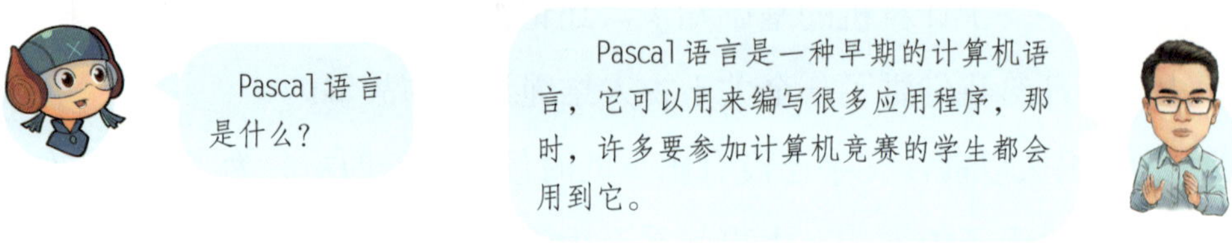

要论当时电脑的性能，确实没法和现在比。但在那段远去的年少时光里，它却给我的生活增添了一抹别样的光辉。

兴趣的成熟

几年后，我上高中了。那时，许多人开始意识到电脑的重要性，我父亲就是其中之一。当时，一台电脑的价格非常昂贵，差不多相当于一个普通工人大半年的工资，但是父亲还是坚持买了下来。因为他觉得这对我来说，是一笔宝贵的教育投入。

“我有自己的电脑了？”那天，我站在桌子旁，一脸不可置信地看着眼前那台崭新的电脑。

“特意给你买的，我希望你能把它好好用起来。”父亲站在我身边，拍了拍我的肩膀说道。有了电脑后，我学着自己拆装，我想就是在那个时候，我真正对计算机产生了兴趣。

科普小知识

1958 年，我国第一台计算机——103 型通用数字电子计算机诞生了。它运算速度较慢，每秒只可进行一千多次运算。

20世纪90年代的电脑

在接下来的几十年中，我国的计算机技术不断取得突破。1959 年，我国研制出 104 型电子计算机，它的运算速度达到了约每秒 1 万次。接着，我国又研制出 107 型、109 型等计算机，这些计算机在当时都具有很高的性能水平。

随着技术的不断发展，我国的计算机逐渐进入了商业化时代。1983 年，我国第一台巨型计算机——“银河 I”诞生了，它的运算速度可达到约每秒 1 亿次，标志着我国进入了世界研制巨型计算机的行列。

进入 21 世纪，我国的计算机技术更是取得了长足的进步。2009 年，我国研制出了“天河一号”，它是我国首台千万亿次超级计算机。后来，我国又相继研制出了多款超级计算机，如“天河二号”“神威 · 太湖之光”等，这些计算机在高性能计算领域取得了世界领先的成果。

一次失败的教训

时光飞逝，一眨眼，就到了要上大学的年纪。

为了继续追随自己的兴趣，我坚定选择并考取了计算机专业。之后，我就开始系统学习各种和计算机相关的课程，比如计算机系统课、计算机软件课、计算机编程课，还有计算机硬件课、计算机网络课，等等。

大学之门的开启，让我有幸驰骋在各种和计算机相关的知识海洋中。对专业的兴趣，也让我在面对许多和计算机相关的知识理解上都充满了自信。然而，在大一的计算机编程课学期实践小作业上，我们小组却出了丑。

“这次的作业要求你们 2 ～ 3 人组队，实现一个电梯控制模拟系统，具体怎么实现不做任何限制，最后看大家设计的程序对电梯的控制是否精准和人性化。”

这个作业听起来并不困难，而且当时的计算机编程课，老师教的是我在初中时就学过的 Pascal 语言。

这让我对完成这次作业非常有把握。我很快就组好了队，然而到了实际设计时，却遇到了瓶颈，因为它的复杂度远远超乎了我们的想象。不仅如此，我们的设计思路也出错了，一直到作业验收，我们都没能完全解决程序上出现的所有异常问题。

面对这样的失败，我很气馁。而另一边，有同学已经拿出了非常完美的设计方案。我发现他们在这一整套的设计思路中，居然融入了许多我们还没学到的知识点。

这次的失败让我明白了一些道理：兴趣虽然是学习知识的好伙伴，但是掌握知识是需要方法的，浅尝辄止、似懂非懂是不行的，只有知行合一，在实践中再加深理解才可以；教和学是相辅相成的，老师教的是基础知识和原理，而自学能力是非常关键的，只有结合了基础原理，并融入自己的理解和体会，融会贯通、活学活用才能真正掌握某方面的技能；学习是个长期过程，“抢跑”不会有太长久的价值，虽然每个人学习特定知识的时间有先后，但是每个人的成长速度是不同的，关键时刻的领悟比早学更重要。

从兴趣到专业

在接下来的大学时光里，我不管面对学习还是生活，都要经常和计算机打交道。我想，正是在这一点一滴间，我对计算机有了越来越深厚的感情。

记忆中，还有一次调试程序时碰到的阻碍让我印象深刻。当时，我反复调试了两个礼拜都不满意。

“问题到底出在哪里？”我冥思苦想，百思不得其解。

就在我陷入苦恼和自我怀疑的情绪中时，我发现问题居然出在一根接错的线路上。那一瞬间，我恍然大悟：原来一切都是自己粗心导致的。

后来，那根线路我保存了很久，为的是提醒自己，不管面对什么科研工作，都要认真细致，不能马虎。

工作后，我先从事通信研究工作，后来又回归了计算研究。我对我的工作总是有着非常大的热情。我想，这份热情应该就是源于我内心的喜爱吧！

一个简单的虚拟人实验

“爸爸，你什么时候来接我？”

这天，孩子放学后，像往常一样，用电话手表和我开启了视频通话。

“我现在出发，再过十几分钟就能到学校门口了。”我笑着说道。

突然，孩子的表情变得奇怪起来：“爸爸，视频里真的是你吗？”

“当然是我了，怎么了？”

面对孩子的质疑，我猛地一惊。他之所以这么问，其实是源于最近网上特别火的一种名为“AI 换脸”的技术，这项技术可以把我们的脸替换到别人的脸上，让假的看起来也像真的。

AI 是什么？

AI 的全称是人工智能，指的是一种模仿人类智能的技术。像现在的许多 AI 机器人，就是在模仿人类的智慧来替我们工作。

事实上，工作中我也应用到了类似的技术。“各位老师好，我是刘景磊，来自中国移动研究院……”大屏幕上，一个以我自己的形象创造出的虚拟人，正在用我孩子的声音做自我介绍，这个虚拟人甚至还模仿了我孩子的面部表情。

这是在我工作许多年后做的一个虚拟人实验。这个实验从表面上看，就像是我在用我孩子的表情和声音向外界传达信息，效果有点类似相声节目里表演的“双簧”。

虽然从呈现给观众的视频来看，它的清晰度并不高，而且只有短短的几秒钟，但制作的过程并不轻松，前后花费了我 16 个小时的时间。在这 16 个小时里，我不断地调整和优化虚拟人的面部表情、声音、动作等，以确保它们能够自然流畅地融合在一起。

这个实验是在计算机上完成的：我将我孩子的面部表情和声音转化为数字信号，再将它融入具有我面部特征的虚拟形象中去。

在这个过程中，计算和渲染是最为关键的。计算是指计算机对数据进行处理和分析的过程，而渲染则是为了将虚拟形象呈现在屏幕上。为了让呈现的效果更加逼真，我不断地优化了各种参数。

当然，在制作的过程中，我也遇到了一些挑战和困难。比如，如何让虚拟人的面部表情更加自然和流畅？如何让虚拟人发出的声音和我孩子真实发出的声音更加同步？如何保证虚拟人的形象不会出现崩坏或者失真？

好在最后我成功了。这成功的背后离不开我所使用的这台计算机，它拥有强大的计算能力和图形处理能力。我想，如果这台计算机的性能更高一些，我应该不需要 16 个小时就能制作完成了，当然最终呈现的效果也会更好。

那让计算机性能强大的“终极魔法”是什么呢？答案就藏在一个叫“算力”的东西里。

那算力到底是什么？接下来，就让我带你们一起走进我的科学世界吧！

请跟随我一同进入算力的奇妙世界

算力怎样改变我们的生活

算力怎样改变我们的生活呢？回答这个问题前，我们先来做一道题目：1 加 1 等于几？

你肯定很快就能说出答案：“等于 2。”其实，在你解这道题的过程中，就用到了算力。

简单来说，算力就是一种计算的能力。再具体点说，算力，是通过处理信息数据，再把结果输出的一种计算能力。这种能力其实我们每个人都具备，但是，如果碰到一些复杂的计算，光靠我们自己，效率可能就比较低了。这时，我们就需要一些计算工具的帮忙。

最早的时候，我们的祖先用石头、绳子这些比较原始的工具，接着，又陆续出现了算盘、计算器，再往后，就出现了大家熟悉的电子计算机，也就是电脑。随着技术的进步，电脑越来越智能，功能也越来越多，当然淘汰的速度也变快了许多，不过，你也别小看那些“过气”了的电脑，随便拎一台出来，算力都远远超过最早的计算工具。

算力提升了，我们对它的需求也变得越来越大，用到它的地方也就越来越多了。

那算力都用在哪些方面呢？

举个例子，假如今天是工作日，你的妈妈会如何度过这一天？

早上7点，妈妈可能会被智能音箱叫醒，然后，她会一边听手机里的音乐，一边起床、洗漱、准备早饭；出门后，她可能会选择坐地铁去上班，乘地铁时，她会通过闸机扫码进站；来到工作单位，她也许还要通过人脸识别，才能进入办公场所；下班后，她会去附近

科普小知识

你知道世界上体积最大的计算机叫什么吗？

它的名字叫埃尼阿克（ENIAC），诞生于1946年，堪称计算机界的“巨无霸”。埃尼阿克的占地面积约170平方米，相当于一座房子那么大。它的重量约30吨，相当于20多辆小型轿车的重量。虽然埃尼阿克看起来很笨重，但在当时，它在人们眼中已经具备很高的运算水平——每秒钟可以进行5000次的加法运算。

我们现在的电脑随便拎一台出来，每秒钟的计算能力就可以达到数亿次，比埃尼阿克要厉害得多。不过，正是它的出现，才让我们开始看到计算机的力量和潜力，让我们得以进入信息时代的新纪元。

的超市买点菜，再用手机扫码付款；等吃过晚饭，她会戴上智能手环，出门运动一会儿；睡觉前，她没准又会打开平板电脑，看看自己喜欢的电视剧……

在妈妈一天的生活中，她用到了智能音箱、手机、智能手环、闸机、平板电脑等多种电子设备。要使这些设备能完美执行各自的工作任务，背后需要计算各种数据。这时候，算力就显得尤为重要了，如果没有算力，设备里的各种数据结果就没法输出，结果输出不了，功能就没法展示出来，我们就体验不到如今便捷的生活了。

迈过算力网络的两道坎儿

现在，算力已经被应用到了各个领域，小到手机、电脑，大到火箭、飞船，各行各业都需要各种算力的帮忙。

与此同时，大家的“胃口”也越来越大了，我们想让算力为我们做更多的事，节省更多的时间，提高更多的效率。

怎样才能让算力更好地为我们服务呢？我和我的团队开始思考这一问题。我们想到一个方案：做一个可以把多种算力连接在一起的算力网络。这个算力网络相当于一个更强大的计算系统，有了它，大家以后使用算力就可以像用电一样，随取随用，非常方便。

可是，要想构建算力网络，我们必须要迈过两道坎儿。

第一道坎儿，我们需要提升电子设备中硬件的性能。

你知道判断一台电脑的好坏，主要看什么吗？没错，是芯片。芯片是什么呢？你可以把它理解成电子设备的“大脑”，它决定着整个设备的性能强弱。这就好比一辆车上的发动机，发动机越好，车的性能也就越好。因此，电子设备要想好用，就要让硬件中的芯片强大起来。

○ 强大的电脑芯片

我们的芯片本来大部分是从国外进口的，但是最近几年，高性能的芯片很难买到。突然之间，没有芯片可用了，怎么办？推动自主研发！在不懈的努力下，我们终于推出了两款新型芯片。

那怎么证明这两款芯片好用呢？我们需要测试一下芯片的性能。刚开始，我带着团队没日没夜地测试，解决了芯片的各类性能问题。但人工测试的效率实在是太慢了，为了提升测试效率，我们研发了一款名为“芯巢”的自动化评测平台。通过它，我们把测试效率提升了几十倍，这样一来，研发芯片的效率也就跟着提高了。

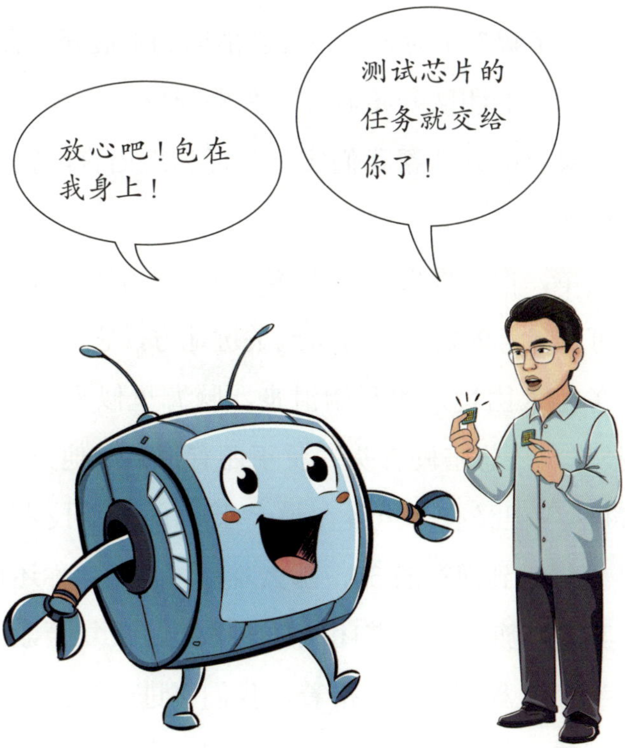

硬件这么重要，那软件呢？如果说，芯片是决定一台电脑价值的关键，那软件就让电脑有了各种各样的功能。比如，你要用电脑

看新闻，得有浏览器软件；要听歌，得有音频软件；要看电影，得有视频软件。没有软件，电脑就没有有趣的“灵魂”。

我们面临的第二道坎儿，便是软件不够统一，很难找到可以与其匹配的硬件。

举个例子，全球有一半的人工智能应用，都是基于国外一家公司的软件来开发的，前面我提到过的“AI 换脸”也是这样来的。而要想更好地运行这些应用，我们不得不去购买这家公司的硬件，毕竟他们的硬件是最匹配，也最合适的。

这时候，我就在想，如果硬件和软件之间可以“沟通”就好了，这样它们互相“了解”了对方，没准就能顺利地展开“合作”了。

于是，我和我的团队开始研究一种翻译器。就像我们去不同的国家旅行，如果有翻译器帮我们实时翻译当地语言，我们的旅行就能顺利地进行下去。

原理很简单，但真要实现却很难。为了破解翻译技术，我们找遍了国内外可以参考的资料，可每到关键地方，它们就一笔带过。

研发任务陷入困境，我开始沮丧，脑海里似乎有个声音在说：“你没人没技术，还想啃硬骨头？反正还有很多其他方向可以研究，要不就放弃吧。”但又有个声音在说：“我们的通信技术，就是从最开始的 1G，慢慢走到现在的 5G，那么难都过来了，你还怕什么？”

于是，我重整旗鼓，带着团队详细分析，反复验证，成功研发出了“芯合”翻译器的原型。接着，我们又进一步完善系统，把硬件和软件之间的“桥梁”搭建得更加稳固。有了翻译器的帮助，算力网络的软件生态就能更加繁荣。

延伸阅读

东数西算——算力网络的启示

随着数字经济时代的到来，算力已经开始影响着国家的核心生产力。这就好比 300 多年前，蒸汽机的出现对那个时代的进程产生重大影响一样。如今，我们要提高国家的核心竞争力，就要在提升算力上下更多的功夫。

你知道“南水北调”吗？“南水北调”就是通过建设运河和水库，把南方丰富的水资源调配到北方缺水的区域。而在算力领域，也有和“南水北调”工程类似的概念，叫作“东数西算”，其中的“数”

指的是数据，“算”指的就是算力了。

那该如何更好地去理解东数西算呢？

如果你对地理知识有一定的了解，那应该知道，我国西部地区地广人稀，不仅物价低，还有着丰富的自然资源，而东部地区人口稠密，相对西部地区，东部地区的经济更为发达，不仅物价高，对算力的需求也更高。

另外，对那些拥有算力的电子载体来说，想要它们工作，就必须要通电。你应该有给手机充电的经历吧？当电充得差不多了，将充电线拔出，再重新用手机时，你也许会感觉到手机背面摸上去温温热热的，如果这时刚好是夏天，这种温热感会持续得更久。那些拥有算力的通电载体也是一样，它们用久了会发热。为了让它们维持正常的工作，就需要将产生的热量发散出去，而这个散热的过程

○ 东数西算概念示意图

是很费电的，这时，如果周围的气温不高，就能减少耗电。

因此，受地理环境和经济的影响，如果你要在更热的东部地区建设数据中心、算力中心，就需要付出较高的成本，比如高昂的房租、电费等。

怎样才能做到既节省成本，又有助于提高算力呢？从地图上看，东部地区城市人口密集，貌似是有点“挤不下”了。这时，就有人开始把注意力集中到遥远的西部。放眼望去，西部地区真可谓拥有得天独厚的优势，这里不仅气温低，更省电，而且地价便宜，相同的预算下，可以建设更多的数据中心和算力中心。而且，从国家能源战略的角度来看，西部地区用的电也更环保。

于是，人们总结上述诸多原因，想出了一个绝妙的办法。什么办法呢？那就是前面说的东数西算。总的来说，东数西算就是构建一个强大的算力网络体系，将东部需要处理的数据，传到西部算力资源丰富的地方。这样东西部算力一体化后，既能缓解东部算力资源紧张的问题，又能给西部开辟一条新的发展道路，两边高效互补协同，就能更好地为我国数字经济发展赋能。